Daniel Schneider

Tabu Trennung

Ein Journalist sucht Antworten

Daniel Schneider

TABU TRENNUNG

Ein Journalist sucht Antworten

SCM

SCM

Stiftung Christliche Medien

Der SCM Verlag ist eine Gesellschaft der Stiftung Christliche Medien, einer gemeinnützigen Stiftung, die sich für die Förderung und Verbreitung christlicher Bücher, Zeitschriften, Filme und Musik einsetzt.

MIX
Papier aus verantwortungsvollen Quellen
FSC® C083411
FSC www.fsc.org

SCM-Verlag GmbH & Co. KG · Max-Eyth-Straße 41 · 71088 Holzgerlingen
Internet: www.scm-verlag.de · E-Mail: info@scm-verlag.de

Umschlaggestaltung: Kathrin Spiegelberg, Weil im Schönbuch
Titelbild: Lightstock.com
Autorenfoto: Lea Barnowsky
Satz: typoscript GmbH, Walddorfhäslach
Druck und Bindung: CPI books GmbH, Leck
Gedruckt in Deutschland
ISBN 978-3-7751-5758-2
Bestell-Nr. 395.758

Für Sonja und Ulrich Schneider, meine Eltern,
die mir sehr liebevoll und bemerkenswert vor Augen führen,
was es heißt, Tränen und Triumphe zu teilen.

INHALT

TABU TREN|NUNG – WIE MAN WEITERLEBT

EINFÜHRUNG

Liebe ist die stärkste Macht der Welt
und doch ist sie die demütigste,
die man sich vorstellen kann.
Ich kann dir nicht wehtun, ohne mich selbst zu verletzen.
Mahatma Gandhi

Schei | ße!!!

Ich habe lange überlegt, ob es eine gute Idee ist, mit so einem Kraftausdruck in ein Buch zu starten. Ein gewisser Teil meines Unterbewusstseins hat versucht, es mir auszureden. »So verscherzt du es dir sofort mit den werten Lesern«, tönte es in mir. »Fang lieber mit ›Mist!‹ oder ›So ein Ärger aber auch‹ oder ›Das ist ja schlimm‹ an.« Doch als ich diese fast verzweifelten Bemühungen in mir selbst als letzte Versuche entlarvte, ein Buch über Trennungen mit verbalen Abstrichen zu beginnen, musste ich fast lächeln.

Das Fazit meiner Überlegungen: Es ist keine gute Idee, mit so einem Kraftausdruck in ein Buch zu starten, aber es gibt einfach keine andere Möglichkeit, als so in *dieses* Buch zu starten. Ich setze noch zwei zusätzliche Ausrufezeichen hinter mein erstes Wort.

Dieses Buch handelt von dem, was uns Menschen den Schlaf raubt, obwohl es uns in Sicherheit wiegen sollte. Hier geht es um etwas, was unfassbare Verletzungen auslöst, obwohl es eigentlich als Lebenselixier und Balsam für Herz und Seele gedacht ist.

Und gleichzeitig dreht sich dieses Buch um etwas Alltägliches, was ständig und immer wieder bei uns und in unserem Umfeld passiert. Etwas, das zum Leben gehört. Ungefragt und ohne Einladung ist es schon immer dagewesen.

Es geht um Beziehungen, die scheitern, um Ehen, die zerbrechen. Es ist ein Buch über Scheidungen und Trennungen. Ich schreibe es, weil ich an das Lebenskonzept von Liebesbeziehungen, Ehen und Partnerschaften, die auf Lebenszeit angelegt sind, glaube. Und das tun viele andere Menschen auch. Nicht umsonst steigt die Anzahl der Hochzeiten wieder an. Viele Menschen binden sich bewusst aneinander, ohne dass sie der erschreckende Blick in die Scheidungsstatistiken davon abhält:

Und trotzdem kommt es zu Trennungen. Im Jahr 2015 wurden in Deutschland rund 163 335 Ehen geschieden, das waren 1,7 Prozent weniger als im Vorjahr. Nach den derzeitigen Scheidungsverhältnissen werden etwa 35 Prozent aller in einem Jahr geschlossenen Ehen im Laufe der kommenden 25 Jahre geschieden.[1]

Die durchschnittliche Dauer der im Jahr 2015 geschiedenen Ehen betrug knapp 15 Jahre. Ist das ein guter Wert? Statistisch gesehen?

Warum werden so viele Ehen geschieden?

Aus tausend verschiedenen Gründen. Ich möchte mir nicht anmaßen, über die einzelnen Gründe zu urteilen.

Sehr, sehr wenige Menschen starten in eine auf Dauer angelegte Beziehung, um irgendwann mal einen seelischen Scherbenhaufen zusammenzukehren. Es geht darum, mit dem anderen alt zu werden. Immer noch. Und heutzutage erst recht.

Aber eine Beziehung, die schiefläuft, in der der eine, die andere oder beide Seiten Schmerzen davontragen und sich selbst verlieren, ist doch genauso unnütz.

Es ist kompliziert. Ich komme zu dem Entschluss, dass ich das erst mal sehr tragisch finde. Weil uns zerbrochene Beziehungen nicht guttun. Aber noch viel tragischer als die Beziehungskrisen an sich finde ich die Tatsache, dass wir, und damit meine ich vor allem die sprichwörtlichen »christlichen Kreise«, Probleme in Beziehungen und Ehekrisen immer noch als Tabuthema behandeln.

Das macht mich wütend. Denn ein so existenzielles Gut wie die Liebesbeziehung nur von der einen Medaillenseite zu behandeln, sprich die Ehe und die funktionierende Beziehung als Nonplusultra zu glorifizieren und den Menschen, deren Beziehungsflagge aus welchen Gründen auch immer auf Halbmast hängt, das Gefühl zu geben, im gesellschaftlichen Niemandsland zu dümpeln, sorgt erst recht dafür, dass Beziehungen vor die Wand fahren.

DIESES BUCH IST ZUSPRUCH UND ZUMUTUNG

Deshalb setze ich bewusst auf schonungslose Ehrlichkeit und auf die Kraft von wahren Geschichten. Verschiedene Männer und Frauen erzählen Ihnen ihre Geschichte. Subjektiv. Offen. Von den Dingen, die am meisten wehtun. Sie erzählen von ihrer Krise.

Als Paare und als Einzelpersonen. Denn alle Menschen, die eine Beziehung führen, geführt haben, kämpfen, resignieren oder streiten, sind Einzelstücke. Individuelle Persönlichkeiten, die mit Träumen und auf Wolke sieben in die Ehe oder Beziehung gestartet sind. Um sich wahrhaftig mit dem (scheinbaren) Ende von Beziehungen auseinanderzusetzen und Antworten auf die Fragen nach dem »Warum?«, dem »Wie?« und dem »Und jetzt?« zu suchen, ist das Gespräch mit verschiedenen Menschen wichtig. Nur so wird dieses Thema für eine breitere Öffentlichkeit zugänglich.

Getreu dem Motto »Willst du alle ansprechen, sprichst du niemanden an« nehme ich damit gerne in Kauf, dass dieses Buch unvollkommen und unvollständig bleibt. Es wird Fragen offenlassen und kann an manchen Stellen sehr unbequem und unbefriedigend daherkommen.

Aber weil es keine aussagekräftigen Statistiken über gebrochene Herzen, verletzte Seelen oder zersplittertes Porzellan gibt, kein Bundesamt der Welt emotionale Erhebungen durchführt, die anbahnende (Ehe-)Krisen beleuchten und *der eine* Trennungs- oder Scheidungsgrund nicht existiert, bin ich überzeugt: Durch persönliche Erfahrungsberichte werde ich diesem Thema viel besser gerecht als durch jede andere Herangehensweise.

Meine Gesprächspartner sind alle mit unterschiedlichen Voraussetzungen in ihre Ehekrisen gelangt, geschlittert oder gerast und mit völlig verschiedenen Erlebnissen und Ergebnissen wieder aufgetaucht.

Aber eines haben alle Menschen, die in diesem Buch vorkommen, gemeinsam: Sie sind mit ihrer Krisensituation nicht leichtfertig umgegangen und haben den Mut bewiesen, ehrlich und selbstkritisch darüber zu berichten.

Und deshalb lesen Sie von …

… *Manu,* der ganz genau weiß, wie es sich anfühlt, wenn man in der Beziehung nicht mehr geliebt wird. Und wie man die Liebe an sich wiederentdeckt.

… *Rita und Björn,* die über ihr Scheidungsjahr reden. Und über ein legendäres Kaffeetrinken im Rahmen des Scheidungstermins beim Gericht.

... *Reiner,* der über zwei gescheiterte Ehen berichtet und sich die Frage stellt, ob Ehen nicht nur von Gott gesegnet starten, sondern ob Beziehungen auch gesegnet sterben können.

... *Silke,* die als Therapeutin anderen Paaren Tipps in Sachen Beziehung gibt und selbst mit gescheiterten Ehen klarkommen muss.

... *Mickey,* der als Theologe und Therapeut für Beziehungen anderer Menschen kämpft und selbst schon einen Beziehungskampf verloren hat.

Sie werden meine Fragen beantworten. Sie werden sich selbst als Personen mit hineingeben und keine Theorien zitieren. Und sie sind wahre Fachleute, weil sie hautnah erfahren haben, was eine Scheidung bedeutet. Sie wecken Hoffnung, einfach indem sie berichten. Ungeschminkt und lebensnah.

ES GEHT UM DEN BEZIEHUNGSERFINDER

Ich gehe davon aus, dass Gott der Schöpfer unserer Welt und damit auch von uns Menschen ist. Und damit ist Gott für mich auch der Erfinder von Beziehungen. Ein Blick in entwicklungsreiche Jahrmillionen von Mensch und Materie zeigt mir, dass über vieles vortrefflich diskutiert werden kann, aber nicht darüber, dass die allermeisten Lebewesen auf Gemeinschaft/Beziehung angelegt sind.

Geborgenheit, Liebe, Kreativitätsförderung oder einfach ein gutes Gefühl sind nur die Spitze des Eisbergs, warum Beziehungen uns guttun. Im Kern und in der kleinsten Zelle ist die intimste Form davon die Beziehung zwischen zwei Menschen, die sich lieben und sich bewusst für eine Beziehung aus Liebe entscheiden. Eine Beziehung, die auf Verbindlichkeit aufgebaut ist, damit sie zur vollen Entfaltung kommt.

Die Realität zeigt jedoch, dass die Kraft dieser Liebe scheinbar nicht ausreicht, selbst wenn eine Ehe bewusst unter Gottes Segen gestellt wird.

Ich frage in diesem Buch:

- Ist etwas schiefgelaufen mit der Beziehungsidee Gottes?
- Hat er unser Scheitern einkalkuliert und die einzige wahre Liebe, mit der man alt wird, sowieso nie im Blick gehabt?
- Wie gehen wir Menschen mit dem Thema »Scheidung« am gesündesten um?
- Und: Gibt es nach dem Verliebt – Verlobt – Verheiratet – Geschieden doch noch ein »Wiedergefunden«?

Mit einer Beziehungskrise muss nicht alles vorbei sein. Das Prinzip der Vergebung, der zweiten Chance und zurückkehrenden Liebe ist eine Realität, aber sie funktioniert bei Weitem nicht immer.

MACHEN SIE DAS BITTE MIT SICH PERSÖNLICH AUS

Das ist weder die Einladung zum »Egotrip« noch eine Aufforderung, die Scheuklappen anzulegen und »das eigene Ding« durchzuziehen. Es dient einzig der Sensibilisierung für Ihren Beziehungsausgangspunkt. Und das sind Sie. Beziehungen sind eine sehr persönliche Angelegenheit. Im wahrsten Sinne des Wortes. Die intensivste Beziehung führen Sie mit sich selbst. Das liegt in der Natur der Sache. Sie verbringen ziemlich viel Zeit mit sich und das bietet eine große Angriffsfläche für selbstwertschätzende oder selbstverletzende Maßnahmen.

Nur wenn Sie sich selbst annehmen, im besten Fall sogar mögen (keine Sorge, die wenigsten Menschen stehen in der Gefahr, vor Selbstliebe nur so zu strotzen), sind Sie in einer gesunden Position, auch andere so anzunehmen, wie sie sind und sie zu lieben.

Deshalb geht es in diesem Buch auch um Sie selbst und damit um all die Menschen, die Ihnen etwas bedeuten, und um den, der Sie erschaffen hat und Sie sehr liebt: Gott selbst.

Und für die Selbstbetrachtung werden Sie immer mal wieder mit dem »Prinzip der Heldenreise« konfrontiert. Diese Anleitung, zum Beispiel für Fernseh- und Kinodrehbuchautoren gedacht, lässt sich prima auf das eigene Leben übertragen und hält außerdem die eine oder andere Überraschung parat.

Denn das ist das deutlichste Merkmal einer Heldenreise: Sie ist unberechenbar. Genau wie dieses Buch.

Es müssen noch viel mehr Beziehungsgeschichten erzählt werden. Es müssen noch mehr Fragen zu dem Thema gestellt werden, denn Antworten, die nicht tragen, gibt es genug. Nur wenn wir ehrlich miteinander umgehen, uns stehen lassen, nicht mit dem Finger aufeinander zeigen, uns in unserem Scheitern nicht verurteilen, sondern konstruktiv kommunizieren, kommen wir in ein wertschätzenderes, gemeinsames Leben.

Deshalb lade ich Sie jetzt ein, auf Ihre persönliche Heldenreise zu gehen. Sie lernen verschiedene Heldinnen und Helden, Mentorinnen und Mentoren, Gefahren und Schätze kennen. Mittendrin werden Sie wahrscheinlich einiges bestätigen, anderes hoffentlich kritisch hinterfragen, inspiriert werden und auch das eine oder andere Mal

Schei | ße!!! denken oder laut sagen.

Und genau dann hat sich dieses Buch gelohnt.

WO BEGINNT SCHEIDUNG? BEI DER LIEBE!

Nun bin ich also »in Sachen Scheidung« unterwegs – und das im wahrsten Sinn des Wortes. Ich sitze im Zug auf dem Weg zu einem Trennungsgespräch der anderen Art. Ich bin weder beteiligt noch habe ich irgendwelche Absichten, diese Beziehung wieder flottzumachen. Denn das wäre vergebliche Liebesmüh. Es wäre zu spät. Den groben Ausgang der Geschichte kenne ich auch schon, zumindest das Endergebnis. Die Beziehung ist gescheitert. Ich bin auf der Spur von Scheidungen. Ich frage, höre zu, protokolliere und mache mir meine eigenen Gedanken.

ACHTERBAHNFAHRT INKLUSIVE

Meine Gedanken sind im Übrigen auch schon gut unterwegs. Auf Achterbahnfahrt. Seit Wochen. Seitdem ich mich mit dem Thema auseinandersetze. Journalistisch. Auf der einen Seite. Persönlich. Auf der anderen Seite. Denn die Menschen, mit denen ich mich für dieses Buch unterhalte, die die Inhalte liefern, einfach indem sie ihre Geschichte erzählen, öffnen für mich ihre persönlichen Herzenstüren und lassen mich hineinschauen. Sie kontrollieren zwar, wie weit sie die Tür aufmachen und wie lange sie für mich und damit auch für sie, werte Leser, offen bleibt.

Bei manchen Themen werde ich wahrscheinlich nur wenige Augenblicke lang durch einen winzigen Spalt einen Blick erhaschen, und in anderen Situationen wird die Tür sperrangelweit offen stehen bleiben. Und das ist völlig okay. Ich möchte, dass sie die Kontrolle über ihr Herz behalten. Ich möchte sie ihnen nicht aus der Hand reißen, nur um noch besser sezieren zu können, wie und warum eine Trennung zustande gekommen ist. Es geht mir nicht um eine allgemeine theoretische Wahrheit, sondern um die Empfindungen und Erinnerungen der/des Einzelnen.

Wenn man ein Buch über Trennungen schreibt, fängt man ja nicht bei den Trennungsgeschichten an. Zumindest nicht in der Vorbereitung. Ja, wo fängt man eigentlich an?

Ich entscheide: Bei der Liebe!

Denn ich habe keine Lust, grundsätzlich befangen und problemorientiert in die Gespräche zu starten. Deshalb begebe ich mich an den Anfang einer Beziehung. Nur für mich. Ohne weitere Gesprächspartner. Ich kenne die Liebe aus eigener Erfahrung. Ich bin verheiratet. Ich kann mich noch genau an den Moment erinnern, als ich meine Frau das erste Mal sah. Und ich kenne die veränderten Liebesphasen, die eine gemeinsame Beziehung so mit sich bringt, denn unser Leben verändert sich ständig. Allein schon durch die Entwicklungsphasen unserer Kinder.

Ich möchte in diesem Fall aber nicht meine persönlichen Liebeserfahrungen zu sehr in den Vordergrund stellen, sondern den kleinsten gemeinsamen Nenner eines jeden Paares etwas näher erforschen.

In meinen Recherchen erstehe ich antiquarisch deshalb das Buch *Wie die Liebe anfängt – Die ersten drei Minuten* von Prof. Dr. Michael Lukas Moeller. Es sieht sehr gelesen aus. Ein paar Knicke in den Seiten. Kein Wunder, denn der verstorbene Psychoanalytiker ist eine Koryphäe und gilt als »Der Papst der Paare«.

Und schon mit drei Sätzen des Klappentextes befeuert Moeller meine gedankliche Achterbahnfahrt.

»In Sekunden unbewusster Kommunikation geschieht, was das Bewusstsein manchmal erst viel später erfasst: die Liebe auf den ersten Blick. Das allein ist schon Wunder genug. Denn wenn es zwischen zwei Menschen funkt, haben sich zwei Lebensgeschichten mit allen Grundeinstellungen und geheimen Empfindungen blitzartig für einen möglichen gemeinsamen Weg abgestimmt und völlig neu kombiniert.«[2]

Klar wusste ich schon, dass die eigene Geschichte in einer Beziehung auf eine andere Geschichte trifft, daraus eine neue Story entsteht und so etwas für ganz schön viel Wirbel sorgen kann. Aber das so komprimiert und auf den Punkt gebracht zu lesen, beeindruckt mich erneut, und die Worte fliegen wie Sterne durch meinen Kopf, drehen Loopings und setzen sich dann fest:

Sekunden

Zwei Menschen

Unbewusste Kommunikation

Liebe

Wunder

»Unbewusstes erkennt Unbewusstes irrtumslos.« heißt es in der Psychoanalyse. Soll heißen: Bereits im ersten Augenblick haben meine

Frau und ich bereits abgescannt, was vermeintlich im Verborgenen liegt.

PSYCHOLOGIE WIRD PRAKTISCH

Auch wenn das natürlich nicht bedeutet, dass ich innerhalb der ersten Minuten im Schnelldurchlauf abchecken konnte, ob und wie viel Prozent »Überlebenschance« eine Beziehung mit meiner Frau hat.

Und doch: Diese These, holzschnittartig übertragen, lässt mich annehmen, dass ich neben den auffallend schönen Augen meiner Frau durch mein Unterbewusstsein erkannte, welche Wesensmerkmale mich wenig später in ihren Bann ziehen würden. Genauso wurde mir unterschwellig klar, welche Eigenschaften mich ein gutes Jahrzehnt später in unserer Küche die Augen verdrehen lassen.

Steile These, ihr lieben Psychoanalytiker.

Aber trotzdem als Inspirationsmoment für den Hinterkopf abgespeichert.

Genauso wie ein weiteres Zitat von Moeller:

> »Es gibt im Grunde keine wirklich zerbrochenen Ehen, die einstige Verliebtheit ist der Garant, es gibt nur nicht gelungene.«[3]

Klingt ein wenig blumig, ja fast beschönigend, aber trotzdem: Es beruhigt mich.

Vor allem, weil ich kurz vorher in Vorbereitung auf das nun folgende Gespräch in einer der schönsten Studentenstädte Deutschlands eine Nachricht gelesen habe, die mich im November 2014 erreicht hat und seitdem immer und immer wieder beschäftigt. Sie stammt von Manu und mit dem bin ich jetzt zum Gespräch verabredet.

MANU – ALLES EINE FRAGE DES TIMINGS?

> Liebe Freunde,
> es ist leider an der Zeit, euch wissen zu lassen, dass meine Frau mich verlassen wird, weil sie mich nicht mehr liebt …

So beginnt die Mail von Manu, der mir jetzt, einige Jahre nachdem er die schweren Zeilen verschickt hat, sehr entspannt und ausgeglichen entgegenkommt. Der Hochsommer ist noch einmal nach Deutschland zurückgekehrt und so suchen wir uns ein schattiges Plätzchen in einer schönen Lokalität mitten in der Stadt. Es ist Mittag, das Thermometer nähert sich zielsicher der 30-Grad-Marke und das Stadtleben kommt nur sehr gemächlich in die Gänge. Uns ist es recht. Wir setzen uns draußen an einen der vielen freien Tische und bestellen erst mal eine Runde Rhabarberschorle.

Manu ist 39 Jahre alt und arbeitet als freiberuflicher Musiker und Grafikdesigner. Wir kennen uns schon lange und ich schätze ihn sehr. Wir sehen uns allerdings sehr selten und deshalb weiß ich bisher tatsächlich nicht mehr über seine Trennung als das, was in der Mail steht. Rein objektiv und für den Zweck des Buches gedacht, ist das bestimmt nicht verkehrt, aber in freundschaftlicher Hinsicht habe ich ein bisschen ein schlechtes Gewissen.

Ich gebe zu: Ich war mir damals unsicher, ob ich eine Antwort auf seine Mail verfassen sollte. Ich dachte: »Bestimmt ist er genervt und bei so einem großen Freundeskreis bekommt er bestimmt unfassbar viele Antworten.« Das bestätigt mir Manu auch im Laufe des Gesprächs, aber trotzdem denke ich jetzt im Nachhinein, dass eine aufmunternde Nachricht, und wenn es nur aus einem »Ich denke an dich!« bestanden hätte, doch angebracht gewesen wäre.

TRENNUNGSGESPRÄCH AM NEUNTEN HOCHZEITSTAG

»Mir ist eben übrigens eingefallen, dass meine Exfrau und ich heute unseren neunten Hochzeitstag gefeiert hätten«, sagt Manu und wir müssen beide schmunzeln. »Und?«, frage ich nach. »Denkst du gerne an eure Hochzeit zurück?« Seine Exfrau befindet sich mit ihrer gemeinsamen Tochter gerade im Urlaub.

Manu nickt. »Unsere Hochzeit war wunderschön, genauso wie es auch in unserer Ehe wunderschöne Momente gab. Aber eben auch unschöne Zeiten.«

Ich habe mich schon lange gefragt, in welcher Gefühlslage er diese Mail an seine vielen Freunde geschrieben hat. Und wie er die Wochen vorher überstanden hat. Denn schon knapp drei Monate vorher, an einem Septemberabend, hatte seine Frau ihm eröffnet, dass sie sich von ihm trennen wird. Die Entscheidung stand für sie zu dem Zeitpunkt, als sie es Manu eröffnete, bombenfest.

»In dem Moment war ich fassungslos«, erinnert sich Manu. »Ich bin zusammengebrochen und konnte nur noch weinen. Einerseits kam es völlig überraschend. Ich hätte niemals damit gerechnet. Andererseits habe ich natürlich gewusst, dass es in unserer Ehe nicht gut läuft. Auch darüber haben wir im Vorfeld schon oft gesprochen, wir haben auch einige Male die Eheberatung in Anspruch genommen. Mir war also definitiv bewusst, dass unsere Beziehung nicht gut lief. Was mich so aus der Fassung gebracht hat, war das Timing dieser Nachricht. Denn ich wollte gerade noch mal so richtig Gas geben in der Beziehung. Dinge ändern, mich mehr investieren. Für die Familie und für die Beziehung.«

Vorausgegangen war ein gemeinsamer Sommerurlaub, den die beiden mit ganz unterschiedlichen Erwartungen verlebten. Ohne einander davon zu erzählen. Manus Frau war mit ihrer gemeinsamen Tochter schon vorgefahren, da Manu noch eine Tour zu spielen hatte. Auf dieser Tour, in der Manu viel Zeit zum Nachdenken hatte, kam ihm ganz neu und wie eine Erleuchtung die Wichtigkeit und Relevanz seiner Beziehung und seiner Familie in den Sinn. Es durchflutete ihn wie ein warmes Gefühl und er nahm sich fest vor: Ich muss meine Prioritäten neu sortieren, den Fokus mehr auf die Familie legen. Nach dem Urlaub lege ich damit los!

Und seine damalige Frau hatte sich auch eine Beziehungsdeadline gesetzt. Die lag allerdings und schicksalshafterweise knapp davor. Denn hinterher stellte sich heraus, dass eben der gemeinsame Urlaub für sie die letzte Chance war, und somit haben sich die beiden knapp verpasst.

»Da habe ich erst gedacht: Was für ein perfides Timing«, sagt Manu. Und ich nicke zustimmend. Zwei Tage nach dem Urlaub, Manus Frau hatte noch einmal ein Beratungsgespräch geführt, zu dem ihr Manu auch geraten hatte, gipfelte es in dem eben schon erwähnten Schicksalsgespräch.

VIELE KLEINE PROBLEME WERDEN ZU EINEM BERG

Manu war sich der Ursachen durchaus bewusst, die diesem Gespräch und der darin verkündeten Entscheidung seiner Frau den Weg ebneten. »Nach und nach gingen mir diese Schlüsse auf«, erinnert er sich.

Es folgen einige Punkte, die aus Manus Erinnerung heraus dafür verantwortlich sind, dass das Interesse aneinander verloren ging und die Beziehung in eine Krise schlitterte. Drei davon sind für die Öffentlichkeit bestimmt. Andere erwähne ich bewusst nicht, weil sie zu privat sind.

»Ich habe so eine Art Rechtfertigungsgen. Das ist meine Art, Entschuldigung zu sagen, aber das kommt nie besonders gut, gerade wenn es um Konflikte geht, die gerade heiß ausdiskutiert werden. Das hat meine Exfrau immer sehr mitgenommen und sie konnte damit nicht gut umgehen, was ich sehr gut verstehen kann.«

Oder:

»Als unsere Tochter geboren wurde, hatte meine Exfrau gerade ihre Ausbildung beendet und logischerweise nicht gearbeitet. Ich war der Alleinverdiener und habe, in meinen Augen ebenfalls nachvollziehbar, sauviel gearbeitet. In ihrer Erinnerung ist aber Folgendes geblieben: ›Manu war nie da und ich musste mich immer alleine um das Kind kümmern.‹ Und diese Erinnerung kam immer wieder zum Vorschein. Sie hat eine gute Erinnerungsgabe. Auch an die negativen Sachen.«

Apropos Arbeit:

»Ich brauche jemanden, der das, was ich tue, gut findet und der hinter mir steht. Gerade in meinem Job als Musiker. Meine ehemalige Frau hat im Nachhinein gesagt: ›Manu, irgendwann habe ich das Interesse an deiner Arbeit verloren.‹ Das hatte ich gemerkt und mich als Reaktion noch mehr in meine Arbeit vergraben. Das Ganze hatte natürlich auch damit etwas zu tun, dass ich grundsätzlich viel arbeite. Weil ich es muss und weil ich es gerne tue. Ob sich das dann bedingt hat, weiß ich nicht.«

Wir unterbrechen unser Gespräch kurz, weil unser Mittagessen serviert wird. Das gibt mir die dramaturgische Möglichkeit, einen kurzen redaktionellen Einschub zu platzieren, in dem ich deutlich darauf hinweise, dass Manu in diesem Gespräch allein seine Sichtweise darstellt. Seine ehemalige Frau sieht einige Dinge in einem anderen Licht. Sie weiß, dass Manu in diesem Buch über die Trennung spricht, ist auch einverstanden damit, möchte aber selbst nicht namentlich vorkommen. Das ist für mich selbstverständlich und das zeigt, wie konstruktiv und respektvoll beide auch im Nachhinein miteinander umgehen.

Während Manu und ich bei unserem Gespräch die ersten Bissen des leckeren Essens zu uns nehmen nutze ich die Zeit für eine kleine gedankliche Zusammenfassung. Ohne die Schwere der Schwierigkeiten abwerten zu wollen, denke ich: Das sind in der Entstehung zwar keine Kleinigkeiten, aber doch überschaubare Differenzen, die über die Jahre wahrscheinlich eine unheimliche Macht bekommen haben. Und das führt zu einer Entfremdung. Da müssen aber doch noch andere Faktoren eine Rolle gespielt haben.

»Als wir uns kennengelernt und uns verliebt haben, da habe ich schon gedacht: Gott hat Humor!«, sagt Manu relativ unvermittelt und es passt genau zu meinen Gedanken. »Denn wir sind total unterschiedlich. Aber gerade das hat uns angezogen und in der ersten Zeit total befeuert. Ich habe mich durch meine Exfrau total verändert. In meiner politischen Meinung, in meiner ganzen Denkweise hat sie mich beeinflusst und besser gemacht. Früher habe ich Menschen relativ schnell und relativ hart verurteilt. Das ist immer noch eine Schwäche von mir, aber ich habe mich deutlich in eine andere Richtung bewegt. Darüber freue ich mich. Auch jetzt noch. Das hat Spaß gemacht und war wichtig für mich.«

Ich habe mich durch meine Exfrau total verändert. In meiner politischen Meinung, in meiner ganzen Denkweise hat sie mich beeinflusst und besser gemacht.

ALLEIN FÜR DIE GEBURT UNSERER TOCHTER HAT SICH DIE EHE GELOHNT

Irgendwann war dann aber das grundsätzliche Interesse aneinander abhandengekommen. Das, was einst angezogen hat, trennte auf einmal. Die körperliche Nähe blieb aus. Trotzdem haben die beiden keine schlechte oder unglückliche Ehe geführt. »Allein für die Geburt unserer wunderbaren Tochter hat sich alles gelohnt«, sagt Manu zufrieden.

»Es gab Punkte, die nicht gut waren, und das waren auch immer die gleichen. Zwischendurch und vor allem auch nach einigen Eheberatungsgesprächen haben wir dann immer wieder gedacht: Jetzt haben wir es im Griff. Hatten wir aber nicht. Denn die Kleinigkeiten summierten sich.«

Der Kern ihrer Beziehung war mittlerweile so versteckt, verkümmert oder unauffindbar, dass die gemeinsame Kommunikation oder Zweisamkeit ausblieb. Jeder hat sein Leben gelebt, eine schleichende Entfremdung. Bis zu dem besagten Gespräch an einem Dienstag Anfang September.

Ich frage Manu nach seinen Gefühlen während des Gesprächs. Er sei zusammengebrochen, sagt er. Weil er seine damalige Frau zu dem Zeitpunkt immer noch geliebt hat. Er wollte es nicht wahrhaben. Thematisch wusste er, dass so etwas auf sie zukommen könnte, aber in der Konsequenz hat es ihm den Boden unter den Füßen weggezogen. Irgendetwas in ihm hat schon in dem Moment gefühlt, dass das eine unabwendbare Entscheidung war. Er wusste, dass es seiner Frau nicht gut ging. Dass sie müde war und nicht mehr in die Beziehung investieren konnte. Deshalb sagte er zu ihr: »Wenn die Chance, dass es dir besser geht, nur vorhanden ist, wenn ich nicht mehr da bin, dann muss das wohl so sein.« Mehr ging in dem Moment nicht.

Die Nacht danach war die Hölle und die Tage darauf ebenfalls. Nicht zuletzt, weil Manu viel arbeiten musste. Und das von zu Hause aus. Er saß permanent am Schreibtisch, um einen wichtigen Auftrag zu erledigen, und seine Tochter, die sich zwischen dem Übergang von Kindergarten und Schule befand, spielte nichts ahnend im gleichen Zimmer. Er hatte keine Chance zum Durchatmen, war wie gelähmt und funktionierte einfach nur.

AN IHREM GEBURTSTAG WUSSTE ICH: DAS WAR'S!

Aber so ganz nichts ahnend war die damals 6-jährige Tochter doch nicht. Das Mädchen ahnte schon länger, dass zwischen Mama und Papa nicht alles in Ordnung war. Aber beide beschlossen, ihrer Tochter erst mal nichts zu sagen. Der Schulstart stand kurz bevor. Das könnte die Kleine emotional aus der Bahn werfen. Und das stand sofort für beide fest: Ihre Tochter durfte auf keinen Fall leiden. Also schliefen die beiden weiterhin unter einem Dach, in getrennten Betten. Gemeinsames Leben gab es aber kaum. Manu vergrub sich in seiner Arbeit und redete nur mit ganz wenigen Leuten über die Situation.

Er unternahm einen neuen und letzten Versuch, seine Frau zurückzugewinnen. Da kam der nahegelegene Geburtstag seiner Exfrau gerade recht. »Aber als ich ihr am Geburtstag gemeinsam mit unserer Tochter den sehr üppig und ausgewählt bestückten Geschenketisch präsentiert habe und als Reaktion nur ein ›Aha. Danke, das ist ja nett!‹ kam, da wusste ich, dass es vorbei ist. Endgültig.«

Und dabei redete Manu nicht von einem schnellen Abhaken einer Beziehung. Weiß Gott nicht. Er hat gekämpft und gehofft, aber durch diese von Anfang an feststehende Endgültigkeit seitens seiner Exfrau und die knapp dreimonatige intensive Phase zwischen Hoffnungslosigkeit und dem »Aber das muss doch irgendwie wieder hinzubekommen sein« musste er irgendwann eine Grenze ziehen. Denn Manu sagt von sich, dass er ein Typ ist, der gerne und lange in etwas investiert, selbst wenn wenig bis gar keine Hoffnung auf Erfolg besteht und die Investition einem selbstzerstörerischen Himmelfahrtskommando gleichkommt. Das macht kaputt.

Und so entschied Manu ganz rational, dass diese Beziehung beendet war. Reine Kopfsache. In erster Linie. Die wenigen Menschen, die davon wussten, sagten ihm: »Manu, dass du diese Nummer rational unter die Füße bekommst, macht uns keine Sorgen. Du fällst immer wieder auf die Füße. Aber pass bitte auf, dass dir diese Sache nicht emotional die Luft abschnürt.«

Er schrieb eine Mail. An alle seine Freunde. Mit den Worten, die am Anfang dieses Kapitels stehen. Erst jetzt, drei Monate später, hat er überhaupt Worte gefunden. Die Mail endet mit:

> ... Danke, dass ihr meine Freunde seid. Ihr könnt – so weit man das sagen kann – weiterhin ganz normal mit uns umgehen.
> Ich weiß mich getragen.
> Und sorry für so eine Nachricht am späten Abend ...
> LG, manu

Und mit dem Absenden der Mail kehrt eine Ruhe ein, die ihn hält. Nicht zu jeder Zeit und allumfassend, aber doch deutlich wahrnehmbar. Seine Emotionen sind seinem Verstand gefolgt. Seine Seele hat sich beruhigt. Die Entscheidung wurde ihm sowieso abgenommen.

Die Reaktionen auf die Nachricht haben Manu überwältigt. Kaum war die Mail raus, klingelte das Telefon und ein sehr guter Freund bot ihm an, sofort vorbeizukommen. Es klingelte noch weitere Male an dem Abend, aber Manu konnte ruhig und gefasst antworten: »Vielen Dank, aber: nein. Ich bin okay. Die Nachricht hat sich gesetzt.«

JEDES LEBEN HAT BRÜCHE. DAMIT MUSS MAN ... GENAU: LEBEN.

Als die nächste Getränkerunde unseren Tisch erreicht, sind die Tische um uns herum mittlerweile ebenfalls besetzt. Da denke ich kurz, dass sich ein Lauschangriff auf unser Gespräch definitiv lohnen würde, denn ich habe selten jemanden so konstruktiv und authentisch von einer Trennung reden hören.

»Mein Fazit lautet: Jedes Leben hat Brüche. Ob das eine Trennung ist, eine Krankheit oder der verlorene Job. Wenn man zu lange mit seinem Schicksal hadert, dann tut das nicht gut.«

Ich gebe zu, so ein Satz sieht geschrieben aus wie der Tipp der Woche in einer Psychologiezeitschrift. Kühl, sachlich, rational, ja fast distanziert. Doch bei Manu ist es etwas anderes. Er redet über etwas, so scheint mir, was er sich hart erkämpft hat. Und zwar nicht zum ersten Mal im Leben.

Klar war er auch wütend, traurig, verletzt und unendlich niedergeschlagen, dass es nicht gereicht hat, aber es ist vor allem die Art und Weise, wie er sich damit auseinandergesetzt hat, die ihn von anderen gescheiterten Beziehungsteilnehmern abhebt. Da zeigt sich mir ein erstes Mal, dass Trennungsgeschichten immer individuell verarbeitet werden, weil wir so unterschiedlich sind.

Eine Sache dramatisiert Trennungen jedoch immer: gemeinsame Kinder.

Ihrer Tochter haben sie Anfang Dezember von ihrer Trennung erzählt. So schonend es eben ging. Manu erinnert sich noch genau an die Worte. »Wir haben ihr gesagt, dass wir immer eine Familie bleiben, aber nicht mehr zusammenwohnen werden. Da hat sie angefangen zu weinen. Doch als wir dann sagten, dass Mamas Wohnung direkt gegenüber sein wird und sie dann zukünftig zwei Kinderzimmer hat, da war der erste Schmerz schon mal gelindert.«

Sie haben der Lehrerin ihrer Tochter Bescheid gegeben und diese hat einen Satz gesagt, den Manu nie vergessen wird: »Ich kann es kaum glauben, dass zwei Menschen, die ihr Kind so sehr lieben, sich gegenseitig nicht mehr lieben können.«

Sie versprach, das Mädchen zu beobachten, und meldete sich in Abständen bei den Eltern. Manu war sich sicher, dass ihr geliebtes Kind gut mit der Trennung umging. Sie hat sich zum Beispiel mit anderen Kindern von getrenntlebenden Eltern unterhalten und bekam so eine Bestätigung für das, was sie selbst empfand: Wenn Eltern getrennt leben, ist das gut und blöd zugleich. Gut, weil man zwei Zimmer hat und den einen Elternteil dann ganz für sich. Blöd, weil man sich ja wünscht, dass Mama und Papa zusammenwohnen.

Eine Sache dramatisiert Trennungen jedoch immer: gemeinsame Kinder.

Als sie ihre Tochter eingeweiht hatten, war bei beiden der Druck weg. Sie feierten ein harmonisches Weihnachtsfest und verabreden sich seitdem fernab jeglicher beziehungstechnischen Zwänge zum Abendessen oder Filmgucken.

DIE FRAGE NACH DER SCHULD STELLT SICH UNS NICHT

Manu und seine ehemalige Frau konnten sich immer in die Augen schauen. Sie haben beide viel Wert auf Fairness und Frieden gelegt, vor allem wegen ihrer Tochter. Aber auch um sich gegenseitig keine Steine in den Weg zu legen. »Die Schuldfrage stellte sich für mich nicht«, sagt mir Manu. »Ich habe ihr nie vorgeworfen, dass sie diejenige war, die sich getrennt hat, weil ich weiß, dass ich meinen Anteil daran habe. Sie hatte den Mut zu einem Schritt, den ich nie gehabt hätte. Ich hätte mich niemals getrennt, auch wenn ich es gewollt hätte. Und auch, wenn andere einen Schuldigen in unserer Beziehung suchen, lassen wir das nicht zu. Immer wenn jemand kritisch über meine Exfrau redet, dann sage ich: Nein, sie ist toll. Es geht nicht um Schuld. Weil ich ja weiß, dass ich Fehler gemacht und um Vergebung dafür gebeten habe.«

Ich frage mich, warum Manu so demütig und weise mit dem Thema umgehen konnte. Und dann frage ich ihn und bekomme erneut eine sehr rationale, aber auch auf wundersame »Manu-Weise« sehr relevante Antwort.

»Wie schon gesagt, wenn man zu lange damit hadert, dann tut das nicht gut. Ich habe diese Grenze bewusst gezogen. Was wäre denn die Alternative gewesen? Hätten wir zusammenbleiben sollen, bis unsere Tochter mit der Schule fertig ist? 15 Jahre nebeneinanderher leben, eine vergiftete Atmosphäre ertragen und dann trennen? Das hätte doch niemandem geholfen.«

Obwohl ich es gar nicht will, denke ich ganz kurz: »Vielleicht hätte es aber irgendwann wieder funktioniert?« Aber das sage ich nicht zu Manu. Ich ärgere mich auch über diesen Gedanken. Denn er sitzt in mir drin. Das liegt zum großen Teil an meiner frommen Prägung, die da vorsieht, dass Ehen für immer halten, und wenn etwas nicht funktioniert, dann sollen sich die beiden Ehepartner doch gefälligst zusammenreißen, auf Ursachensuche begeben und vor allem ordentlich beten. Dann klappt das schon. Und wenn es nicht klappt. Uiuiuiuiui. Dann ist irgendetwas faul.

Ich muss kurz lächeln. Eigentlich glaube ich das schon lange nicht mehr. Aber die Prägung (die durchaus auch ihre guten Seiten hat) hat ganze Arbeit geleistet: Es sitzt so tief drin. »*Was nun Gott zusammengefügt hat, soll der Mensch nicht scheiden.*« Dieser Vers aus der Bibel, (Markus 10,9) kommt mir unweigerlich in den Sinn. Er ist ein wie so oft aus dem Kontext gerissener Wortfetzen von Jesus, der Menschen in Beziehungskrisen um die Ohren gehauen wird.

Zur Erklärung: Ich glaube zutiefst, dass eine Ehe auf Dauer angelegt ist und dass wir mit der tiefen Absicht in eine Beziehung starten sollten, dass diese möglichst lebenslang hält. Ich bin ebenfalls davon überzeugt, dass wir Menschen an unseren Beziehungen arbeiten können, dürfen und sogar müssen. Das hat bei Weitem nicht nur geistliche, sondern vor allem auch psychologische Gründe. Die kann ich an dieser Stelle noch nicht so genau definieren, bin mir aber sicher, dass mir das im Laufe dieses Buches mithilfe meiner Gesprächspartner gelingt.

Ich glaube aber nicht (mehr), dass eine Ehe, koste es, was es wolle, aufrechterhalten werden muss. Das ist sogar relativ unbiblisch. Denn in Gottes Wort geht es in erster Linie um Wertschätzung und Liebe. In allen Facetten. Ich werde zu einem späteren Zeitpunkt noch intensiver über biblische Ehen und über Gottes Sichtweise auf zwischenmenschliche Beziehungen nachdenken.

TRENNUNGEN DÜRFEN NICHT LÄNGER TABUISIERT WERDEN

Manu hat übrigens eine ähnliche geistliche Vita wie ich und sagt deshalb, ohne dass ich das Thema extra anschneide: »Direkt nachdem ich wusste, dass meine Frau sich von mir trennt, dachte ich: Das darf nicht sein. Wir können uns doch nicht trennen. Das geht doch nicht.«

Er machte sich diese Gedanken aber nicht wegen der Ursachen an sich, sondern ebenfalls wegen seiner Prägung.

»Ich bin natürlich nicht der Meinung, dass es mehr Trennungen geben sollte«, fährt Manu fort. »Ich finde es aber gut, dass Scheidungen, gerade im christlichen Kontext, nicht mehr so tabuisiert werden. Denn das hilft niemandem.«

Ich glaube aber nicht (mehr), dass eine Ehe, koste es, was es wolle, aufrechterhalten werden muss. Das ist sogar relativ unbiblisch.

Außerdem hilft Offenheit, Gerüchten und Vorurteilen die Luft zu nehmen. Wobei beide ihre Trennung nicht als öffentliches Ereignis zelebriert haben. Im Gegenteil, sie sind eher defensiv damit umgegangen, aber haben sich nicht versteckt. Das zeigt allein die Mail von Manu.

Trotzdem gab es einige Irritationen, Gerüchte und Unverständnis. Das bleibt wohl nie aus. Und doch muss man sagen: Manu hat einen tollen Freundeskreis. Denn der hat nicht wenig dazu beigetragen, dass Manu die Entwicklungen der Trennung im Nachhinein nicht länger als »perfides«, sondern mittlerweile als »perfektes« Timing beschreibt. Mit Timing meint er nicht die Trennung an sich, sondern die Umstände, die sich aus dieser Trennung ergeben haben.

Er begründet es anhand der Kettenreaktion vieler Ereignisse und beschreibt es wie folgt: »Wäre es ein halbes Jahr vorher zur Trennung gekommen, wäre ich wahrscheinlich ausgerastet. Ein halbes Jahr später wäre wahrscheinlich ebenfalls eine Bombe explodiert. Ich war erschüttert, klar, konnte es aber in der Zeit mit einer übernatürlichen Ruhe ertragen.«

Nachdem Manu die Mail geschrieben hatte, ist er mit tollen Musikerkollegen auf Tour gewesen. Sie haben so ehrlich und tief gesprochen wie selten zuvor. Es war sehr bewegend. Manu hat in der Zeit mit vielen Freunden richtig gute Gemeinschaft erlebt und ihm ist bewusst geworden, was Freundschaft für ein Schatz sein kann.

EINE NEUE FRAU? ... HOPPLA!

Oder: In der Zeit, als der Auszug von Manus damaliger Frau kurz bevorstand. Diese Phase hätte ihn normalerweise wahnsinnig machen müssen. Hat sie aber nicht, weil genau in dieser Zeit eine andere Person in sein Leben getreten ist. Völlig unerwartet verliebte er sich neu. Und ohne diese neue Kraftquelle hätte er das nicht so durchstehen können. Das hat ihm erneut den Boden unter den Füßen weggezogen. Diesmal im positiven Sinn.

Eine neue Frau? Hoppla ... So schnell? Das denke in diesem Fall nicht ich, sondern einige Menschen in Manus Umfeld. Halbwissen und Vorurteile sind das Stichwort. Da hat Manu so einiges erlebt. Aus seinem engsten Umfeld kommen kritische Bemerkungen. Eigentlich muss er sich vor niemandem rechtfertigen. Macht er aber trotzdem.

»Ich war 37. Also noch kein Alter, in dem man mit Liebesbeziehungen abgeschlossen hat und den Rest des Lebens solo unterwegs sein möchte. Mir war sehr daran gelegen, eine saubere Trennung durchzuführen. Gerade durch unsere Tochter werden meine Exfrau und ich noch lange Jahre etwas miteinander zu tun haben. Und das wird uns auch gelingen. Aber ich habe damals nie ausgeschlossen, dass ich mich neu verliebe.«

Mittlerweile kennt Manus Tochter seine neue Freundin. Seine Exfrau auch. Sie schätzen sich gegenseitig und auch das passt zum Thema Timing. Wobei Manu auch das Wort Führung gebraucht. Er hat den Trennungs- und Nachtrennungsprozess als Führung Gottes erlebt.

Ach ja, Gott. Den gibt's ja auch noch. Wo kam der eigentlich vor in dieser Beziehungskiste? Manu ist Pfarrerssohn, als Musiker spielt er in Bands, die christliche Inhalte vermitteln, und er glaubt selbst fest an Gott.

Wo war Gott Manus Ansicht nach in dieser turbulenten Zeit? Das frage ich ihn, als unsere Gläser schon ziemlich leer sind und die Fußgängerzone immer voller wird.

»Mein Glaube an Gott fußt auf einem irrsinnig starken Urvertrauen. Ich glaube ganz sicher daran, dass Gott da ist. Immer. Das ist manchmal das Einzige, was mich hält, aber dieses Gefühl und die gleichzeitige Gewissheit sind immer da.«

Und dann beschreibt er mir, wie er sich gehalten gefühlt hat im Epizentrum der Trennung, als eigentlich nichts mehr ging. Er spricht darüber, wie sehr er sein Umfeld, seine Freunde als Führung Gottes ansieht. Ja, sogar der Abend, an dem er mit einem Musikerkollegen und Freund abwechselnd Wodka und Bier in sich hineingeschüttet hat und beide nebenbei so herrlich offen und wesentlich miteinander gequatscht haben, ist für Manu ein Zeichen für Gottes Gegenwart.

»Mein Glaube an Gott fußt auf einem irrsinnig starken Urvertrauen. Ich glaube ganz sicher daran, dass Gott da ist. Immer. Das ist manchmal das Einzige, was mich hält, aber dieses Gefühl und die gleichzeitige Gewissheit sind immer da.«

Und für Manu ist Gott nicht derjenige, der aufgrund seiner Scheidung mit dem Finger auf ihn zeigt, den Stempel »Gescheitert« aufdrückt und ihn dafür verurteilt. Er weiß, dass er Fehler gemacht hat und dass seine Ex-Frau und er die komplette Verantwortung für die Trennung tragen. Das kann man nicht auf Gott abwälzen.

TRENNUNG ALS UNGEWOLLTE WEITERENTWICKLUNG

Aber Manu weiß auch, dass Gott Fehler vergibt, und er versucht, aus dem Vergangenen seine Schlüsse für die Zukunft zu ziehen. Das hat auch etwas mit Timing, ... pardon, Führung zu tun.

Mittlerweile ist Manu 39 Jahre alt und in einer neuen Beziehung. Er möchte wieder heiraten. Glücklich sein. Und Fehler aus der vorherigen Beziehung vermeiden.

»Ich möchte öfter das Wort ›Entschuldigung‹ benutzen, in Konflikten weniger laut auftreten und bewusster mit Erwartungen und Verpflichtungen umgehen.«

Er hat den Lerneffekt genutzt, um sich weiterzuentwickeln. Ungewollt und ungeplant. Und die Entwicklung ist noch nicht abgeschlossen. Manu glaubt weiterhin an Beziehungen, weil er es als großen Gewinn ansieht, Dinge gemeinsam hinzubekommen. Außerdem braucht er den Rückhalt seiner Partnerin, die grundsätzlich erst einmal für ihn ist.

»Dann kann man über alles diskutieren. Aber dieses Gefühl, dass jemand das, was mich ausmacht, gut findet und zu mir steht, das ist unbezahlbar.«

Wir bezahlen und Manu bringt mich noch zum Bahnhof. Wir quatschen noch ein bisschen und nachdem wir uns am Bahnhof verabschiedet haben und ich in den Zug steige, fühle ich mich beschenkt.

Ich schlage das Buch von Michael Lukas Moeller auf. Seite 14. Ich lese den Absatz von vorhin noch einmal:

> »Es gibt im Grunde keine wirklich zerbrochenen Ehen, die einstige Verliebtheit ist der Garant, es gibt nur nicht gelungene.«[4]

Nach dieser Begegnung mit (und der Geschichte von) Manu ahne ich so ein winziges Stück von dem Kern dieses Satzes.

Danke!

Nachtrag: Einige Zeit nach unserem Gespräch heiratet Manu erneut. Ich wünsche seiner Frau und ihm von Herzen nur das Beste!

DER RUF ZUM ABENTEUER – EIN ZUFALL?

DANIELS ZWISCHENSCHRITT

Der »Ruf zum Abenteuer« ist der erste Schritt im Zyklus der Heldenreise nach dem Mythenforscher Joseph Campell, oft gebraucht in Filmen oder Romanen. Der Held wird durch eine Begegnung oder eine Situation auf einen elementaren Mangel in seinem Leben aufmerksam. Um diesen zu beheben, muss er ins Abenteuer ziehen. Diese Begegnung oder Situation wirkt zufällig und ungeplant …

Direkt nach der Verabschiedung von Manu stehe ich auf dem Bahnsteig und vergesse kurzzeitig alles das, was mit Beziehung und Co. zu tun hat. Denn ich habe ein Problem. Mein Zug hat Verspätung und die Umsteigezeit auf dem Bahnhof, an dem ich umsteigen muss, ist denkbar kurz. Und da kann ich mir hundertmal sagen »Du kannst sowieso nichts daran ändern« – ich schaue trotzdem alle 30 Sekunden auf die Uhr.

Wir fahren in den Bahnhof ein. Ich sehe schon den Zug, in den ich umsteigen muss. Ich bearbeite den »Hier drücken zum Tür öffnen«-Knopf permanent, obwohl der erst aktiviert wird, wenn der Zug wirklich steht. Und das dauert. Die Bremsen quietschen. Wir stehen. Ich renne los, Treppe rauf, Treppe runter. Dann: Die Erlösung! Ich erreiche den Zug und lasse mich erschöpft in den Sitz fallen. Puh, das war knapp!

Ich blicke auf die Uhr und merke, dass der Zug, in dem ich jetzt sitze, ebenfalls ein paar Minuten Verspätung hat. Wir fahren los. Dann eine Durchsage: »Herzlich willkommen im ICE der Deutschen Bahn nach Köln. Wir haben zurzeit eine Verspätung von fünf Minuten. Grund dafür ist eine Störung im Betriebsablauf.« Was für ein Glück. Ich entspanne mich. Und denke weiter. Was ist, wenn in diesem Zug jemand sitzt, den *diese* Verspätung tierisch nervt, weil er den nächsten Zug zu verpassen droht? Oder noch schlimmer (für mich zumindest): Was ist, wenn es diese Störung im Betriebsablauf nicht gegeben hätte!? Was wäre, wenn ich den Zug verpasst hätte? Welche Begegnungen würden mir dadurch ermöglicht oder verwehrt? Der Zufall ist schon ein merkwürdiger Geselle.

So banal dieses Bahnverspätungserlebnis auch klingt, so intensiv erinnert es mich an das, was ich auf dem Anfahrtsweg zu Gespräch Nummer eins gelesen habe. Ich fische das Buch aus der Tasche und schlage Seite 17 auf. Da steht:

> »Der Funke, der zwischen zwei Menschen überspringt, ist im vollen Sinne der springende Punkt […]. Dass aber zwei Herzen springen und überspringen ist KEIN Zufall, so sehr die erste Begegnung vom Zufall abhängt, sondern ein blitzartiges, erstaunlich komplexes Geschehen, in dem sich innerhalb von Sekunden eine Beziehungsstruktur bildet, die für die Dauer des Zusammenseins […] die Geschicke eines Paares bestimmt. […] Weil er so mächtig ist, dass er nicht überschätzt werden kann, wird er bis zur Bewusstlosigkeit klein gehalten.«

TIMING, SINN UND URVERTRAUEN

Und dann kehre ich gedanklich zurück zu Manu und Tinka. Zu Manus Ausführungen über das göttliche Timing, über seine Aussage »Alleine weil wir so eine wunderbare Tochter haben, hat sich unsere

Ehe schon gelohnt« und zu seinem Urvertrauen, das ihn selbst in existenziellen Krisen nicht im Stich und so nah bei Gott gelassen hat. Und ich frage mich:

Welches Timing setzt Gott ein, welches Urvertrauen setzt er voraus und welchen Sinn haben Beziehungen, egal ob geschieden oder nicht?

Es geht um diese drei Signalwörter, die Manu selbst verwendet hat:

- Timing
- Sinn
- Urvertrauen

Diese Frage muss ich klären, um weitermachen zu können. Nicht, weil ich ein Verfechter des Postkartenspruches »Alles im Leben hat einen Sinn« bin und nun den Beweis antreten möchte. Nein, sondern weil ich glaube, dass eine auf Dauer angelegte Beziehung, auf die sich zwei Menschen einlassen und dadurch so einige Risiken eingehen, einen Sinn verdient hat. Viele haben den Sinn für sich zumindest punktuell schon herausgefunden (siehe Manu). Aber ich möchte es noch etwas konkreter fassen.

Und ich fange wieder da an, wo alles beginnt: Am Anfang der Liebesgeschichte. Bei meinem persönlichen Ruf zum Abenteuer. Ich mag den Gedanken, dass diesem Ruf ein Mangel vorausgeht. Ein Mangel, der erst auffällt, wenn diese Begegnung stattgefunden hat oder stattfindet.

Ich kehre zurück zur Entstehung meiner persönlichen Liebesgeschichte. Wenn diese Begegnung so wichtig ist, möchte ich sie nicht klein halten.

Was wäre gewesen, wenn meine Frau damals vor knapp 15 Jahren *nicht* den Job auf der Nordseeinsel geschmissen hätte und *nicht* mit der gleichen Fähre wie ich zum Festland gefahren wäre? Wir haben damals kaum miteinander gesprochen. Aber wir haben uns bewusst wahrgenommen. Hätte ich sie sonst einen Monat später bei einem Konzert am Stadtrand von Berlin wiedererkannt? War es eine zufällige Begegnung? Ist in den ersten drei Minuten genau das passiert, was passieren muss?

Wir gingen damals aufeinander zu, gingen aneinander vorbei, wir drehten im selben Augenblick um und sahen uns in die Augen, drehten dann ganz um und gingen wieder aufeinander zu. Wir blieben voreinander stehen und sagten so etwas wie »Irgendwoher kennen wir uns doch?« Es waren wirklich nur drei Minuten Small Talk. Ich kann mich nicht mehr an das erinnern, was ich über sie gedacht habe. Ich kann mich nur an ein Gefühl erinnern. Und in Erinnerung an dieses Gefühl kann ich sagen, dass da wirklich »etwas übergesprungen ist«.

AN DEN ENTSCHEIDENDEN STELLEN UNSERES LEBENS HABEN WIR OFT NICHT DIE WAHL

Und dieser Moment, dieser unterbewusste Ruf zum Beziehungsabenteuer, legt die Grundlage für Wohl und Wehe einer Beziehung. Wenn das stimmt, dann kann man den Moment gar nicht hoch genug einschätzen. Egal, in welcher Phase einer Beziehung man sich gerade befindet oder befand.

Darf ich Sie in Ihrem Lesefluss kurz unterbrechen und Ihnen die Frage stellen: Wie ist dieser Moment bei Ihnen abgelaufen? An welche Gefühle der ersten Begegnung(en) können Sie sich erinnern?

Je mehr ich mich mit dieser allerersten Begegnung befasse, umso deutlicher fällt mir auf, dass dieser scheinbare Zufall uns durch das ganze Leben begleitet. An banalen und entscheidenden Stationen unseres Lebens.

Wir werden mit (scheinbar?) zufälligen Begegnungen oder Situationen konfrontiert, die dann gestaltet werden wollen. Das beginnt mit unserer Geburt. Wir werden in ein funktionierendes System hineingeworfen. Innerhalb dieses Systems kann man Glück oder Pech haben – zu ändern ist es erst mal nicht.

Vieles kann man sich nicht aussuchen, und selbst wenn man Markenzeichen wie die Eltern, die Nationalität und das soziale Umfeld zum Mond schießen möchte – es funktioniert nicht. Man kann sich abgrenzen, verleugnen und verschweigen, aber es bleibt ein Teil von einem selbst.

Das Geschlecht, die Religion und der kulturelle und soziale Dunstkreis werden uns meist auch mit in die Wiege gelegt, können aber von uns selbst gestaltet werden. Das ist in einigen Bereichen leichter, in anderen aber sehr schwierig und nur mit einem sehr hohen Kraftaufwand leistbar.

Trotz Freiheitsdrang, YOLO-Gedanken (*You only live once* – »Man lebt nur einmal«) und der »Ich entscheide selbst, wer und was ich bin«-Haltung leben die meisten Menschen in denen für sie vorgezeichneten Mustern. Grundsätzlich müssen wir lernen, in unserer Sozialisation zu leben. Das gelingt mal besser und mal schlechter. Auffällig ist nur: Wir werden hineingeboren und müssen dann agieren.

Ich wähle das Beispiel der Geburt bewusst. Es ist buchstäblich existenzieller als die Begegnung mit der »besseren Hälfte«. Aber auch wenn wir bei unserer Partnerwahl (nahezu) selbst entscheiden können, so schwingt doch in jeder Begegnung, jedem Flirt etwas Unterbewusstes mit, was mit rationalen Überlegungen nicht zu erklären ist.

»Es hat Klick gemacht«

»Da wusste ich sofort: *Das* ist mein Mann« oder

»Mir wurde schlagartig bewusst, dass sie die Liebe meines Lebens ist«

sind romantisch verkünstelte Versuche, ein Gefühl zu erklären, welches nicht erklärbar ist.

Da wir aber theoretisch im Vollbesitz unserer geistigen Kräfte entscheiden können, ob wir uns auf eine langfristige Bindung einlassen und damit dann doch deutlich mehr Einfluss nehmen als bei unserer Geburt, setze ich noch einen Schritt vorher an und erkläre den Moment der Begegnung zu einem Ereignis, welches niemand von uns planen kann. Diese Begegnung kann überall lauern.

Vieles kann man sich nicht aussuchen, und selbst wenn man Markenzeichen wie die Eltern, die Nationalität und das soziale Umfeld zum Mond schießen möchte – es funktioniert nicht. Man kann sich abgrenzen, verleugnen und verschweigen, aber es bleibt ein Teil von einem selbst.

»Eigentlich wollte ich an dem Abend nicht mehr ausgehen, aber irgendwie habe ich mich doch aufgerafft und dann traf ich *ihn*.«

»Ich gehe eigentlich immer zum Essen in die Kantine. Aber da die heute geschlossen hatte, sind wir zum Italiener um die Ecke gegangen. Und dort traf ich *sie*.«

Ich habe schon sehr viele solcher Aussagen gehört. Und selbst die über 16 Jahre gereifte Sandkastenliebe beruht auf einem unplanbaren Ereignis. Warum wohnen gerade die Familien *dieser* zwei Menschen nebeneinander? Damit schlage ich eine Brücke zur für uns völlig willkürlich erscheinenden Wahl unseres Geburtsortes.

Kommissarin Zufall oder Inspektor Vorherbestimmung leisten ganze Arbeit in ihren Liebesfällen. Von diesen Momenten wimmelt es aber auch sonst im Leben. Was kann ich wirklich planen? Welche Ereignisse bedingen welche Reaktion? Warum tue ich dieses und lasse jenes?

Eine Gedankenspirale lässt meine Gehirnwindungen in Richtung Abgrund trudeln und ich bin fast dankbar dafür, dass ein fast schon unangenehm gut gelaunter Mitarbeiter der Deutschen Bahn mich mit einem »Soooooooooo, zugestiegene Fahrgäste bidde die Fahrausweise« wieder in die Realität zurückholt. Ich nutze die Gelegenheit und hole mir einen Kaffee.

EINE GESCHIEDENE BEZIEHUNG HAT SEHR WOHL EINEN SINN

Und mit dem heißen Pappbecher tauche ich dann wieder ab. Diesmal aber gezielter. Mit einer Gleichung. Es geht um das Ende von Beziehungen und nicht um den Beginn. Aber wie so oft bedingt sich das Ende durch den Anfang:

Die erste Begegnung geschieht einfach = Fremdgesteuertes Timing.

Die Beziehung will gestaltet und die Liebe frisch gehalten werden = selbst generierter Sinn.

Die Liebe erlischt (aus welchen Gründen auch immer) = Sinn und Timing werden direkt infrage gestellt und sind negativ besetzt.

»Ha!« Ich gebe einen selbstbestätigenden Laut von mir und blicke mich gleich darauf erschrocken um. Meine rar gesäten Mitreisenden scheinen es nicht wahrgenommen zu haben. Gut so.

Hier bin ich gerade auf ein sehr entscheidendes Alleinstellungsmerkmal von Manu gestoßen. Er hat Timing und Sinn der Beziehung für sich wiederentdeckt. Er hat das gefühlt perfide Timing in ein perfektes Timing verwandelt und den Sinn eigentlich nie so richtig infrage gestellt. Und das, ohne sich etwas schönzureden. Durch einen krassen Prozess und durch viel Vertrauen.

Vertrauen!

Der dritte Begriff, dem ich auf der Spur bin. Vertrauen, dass Gott immer da ist. In Krisen. In Beziehungskrisen. Wie bewertet Gott unsere Liebesbeziehungen?

Dafür muss ich in meinen Erinnerungen nicht im Fach »Theologiestudium«, sondern eher in der Ecke »Kinderstunde« kramen. Denn um mehr über Gottes Sichtweise zum Thema Beziehungen zu erfahren, zapfe ich meine abgespeicherten Sonntagsstundengeschichten an.

Die Bibel ist übrigens eine einzige Mega-Heldenreise. Mit allem, was dazugehört. Thriller, Tragödie, Drama, Comedy, Action und ganz viel Liebe.

Ich liebe die Liebesgeschichten der Bibel. Nicht, weil sie so schön romantisch sind, sondern weil sie die ganze Palette der menschlichen Auswüchse enthalten.

Also, noch mal am Kaffee genippt und dann startet die Gedankenreise quer durch das Buch der Bücher. Ich möchte diese Geschichten gar nicht so sehr interpretieren. Ich will sie einfach noch mal bewusst lesen, auf Sinn und Timing prüfen und die Essenz dessen wiedergeben, was mir (neu) wichtig geworden ist.

BEZIEHUNGSGESCHICHTEN AUS DER BIBEL

Machen Sie mit?

1. Adam und Eva aus der biblischen Schöpfungsgeschichte (1. Mose 2,5-4,2)

Die erste Begegnung? Tja, schwierig zu sagen. Gott erschuf Adam und dann Eva. Sie treffen sich. Hier von einer zufälligen Begegnung zu sprechen, ist schwierig. Selbst wenn Eva gewollt hätte – es gab keine Alternative. Sie sind das erste Paar der Bibel, daran gibt es nichts zu rütteln.

Durch ihre Beziehung und ihr Sein an sich wird deutlich, wie Gott uns sieht: Durch die Schöpfung sind wir als seine Ebenbilder auf ewig mit ihm verbunden. Sie sind die Prototypen des menschlichen Urvertrauens, weil sie den ersten und den intensivsten Kontakt zum Schöpfer hatten.

Und als zwei Menschen, die zusammenleben und als erste menschliche Wesen Beziehung leben, sind sie auch dafür gedacht, zu zeigen, dass wir uns lieben, respektieren und gegenseitig achten sollen.

Das gelingt beiden nur bedingt. Tragischerweise läutet *der* Klischeekonflikt an sich das Ende der Menschen im Paradies ein:

In der Erzählung, die in der Elberfelder Bibelübersetzung mit »Der Sündenfall und dessen Folgen« überschrieben ist, wird geschildert, wie die Frau ihrem Mann eine Frucht anbietet. Von dieser Frucht dürfen sie eigentlich nicht essen. Gott hat es verboten. Die Frau wurde von der Schlange überzeugt. Mann und Frau essen. Gott ist stinksauer. Der Mann beschuldigt die Frau, ihn beeinflusst zu haben. Beide fliegen aus dem Paradies. Danach haben sie Sex und bekommen zwei Kinder. Später kommt Sohn Nummer drei zur Welt.

Mehr steht da nicht über ihre Liebesbeziehung an sich.

Erschaffen, Getroffen, Konflikt »verbotene Frucht«, Rausschmiss, Nachkommen.

Und doch wabert so viel zwischen den Zeilen. Wie sah der Alltag aus? Hat Gott dafür gesorgt, dass sich die beiden verlieben? War ihre Beziehung nur ein Mittel zum Zweck?

Doch bevor ich mich um Kopf und Kragen schreibe, schließe ich diese erste Beobachtung (noch mal: ohne Wertung!) ab und resümiere:

Timing des Beziehungsstarts: Perfekt gewählt. In altpatriarchischer Manier gab es Adam vor Eva und sie wurde für ihn erschaffen. Sie waren füreinander bestimmt. Hier stimmt dieser Satz wirklich!
Sinn der Beziehung: Für Nachkommen sorgen und als Beispiel (positiv wie negativ für die Beziehung Mensch – Gott und Mensch – Mensch) dienen.
Sonstiges: Frau beeinflusst Mann und Mann lässt sich beeinflussen. Mann versucht, sich vor Gott aus der Situation herauszuwinden.

2. Abraham und Sara (1. Mose 12-23)

Auch so ein berühmtes Paar. Abraham wird von Gott in der Wüste »gefunden«, zum Stammvater des Volkes Israel bestimmt und zum Reisen aufgefordert. Wie er seine Frau Sara gefunden hat, wird nicht erzählt. Dafür geht's bei Abraham und Sara beziehungstechnisch ordentlich zur Sache:

Sie folgt ihm auf seiner Reise. Hätte sie gewusst, dass ihr Mann sie zweimal als seine Schwester ausgeben würde, wer weiß, ob sie mitgegangen wäre. Abraham tut dies aus Angst, der Pharao von Ägypten und der König Abimelech könnten die schöne Sara für sich beanspruchen und ihn als Ehemann umbringen. Unfassbar.

Außerdem rät Sara ihm zum Sex mit seiner Magd Hagar, weil Sara bisher keine Kinder bekommen konnte. Für eine Frau der damaligen Zeit ein riesen Makel. Abraham lässt sich drauf ein und Ismael wird geboren.

Und zu guter Letzt bekommt auch Sara noch ein Baby. Isaak. Jetzt ist kein Platz mehr für Hagar und ihren Sohn Ismael. Die beiden werden von Abraham (auf Wunsch Saras) in die Wüste geschickt.

Das Ende der Beziehung wird mit dem Klagen Abrahams über Saras Tod beschrieben.

Timing des Beziehungsstarts: Unbekannt
Sinn der Beziehung: Das Volk Israel gründen, Abenteuer erleben.
Sonstiges: Entgegen dem damaligen Zeitgeist, der den Mann als den Aktiven und als prägende, historische Gestalt ansieht, hat Sara eine Menge Einfluss auf die Entscheidungen ihres Gatten und damit auf das gesamte Volk Israel. Sie war eine Powerfrau und zog die Beziehungsfäden im Hintergrund.

Und das setzte sich innerhalb der Geschichte fort.

3. Isaak und Rebekka (1. Mose 24-35)

Hier kann ich endlich mal von perfekt göttlich geplantem Timing berichten. Ein Knecht von Abraham, Isaaks Vater, geht auf ausgetüftelte Brautschau und eine gewisse Rebekka erweist sich als perfekt. Interessante Nebeninfo: Rebekka wird explizit gefragt, ob sie auch die Frau von Isaak werden möchte. Was heute selbstverständlich ist, war damals total ungewöhnlich. Obwohl Rebekka Isaak noch gar nicht kennt, willigt sie ein, und somit ist der zweite Erzvater vom Volk Israel unter der Haube.

Die erste Begegnung, an einem Brunnen, klingt fast romantisch, und ihre erste Zeit der Ehe verläuft relativ harmonisch. Sie mögen sich wirklich, so scheint es.

Doch ebenso wie sein Vater verleugnet auch Isaak seine Frau vor Abimelech, dem König der Philister, und seinen Männern. Unglaublich! Abimelech war zwar ein Bad Boy der Bibel und die Philister an sich kommen in der Bibel nicht gut weg, aber was muss der für ein Bild von dem auserwählten Volk Gottes bekommen haben … Gleich zwei der prägenden Figuren geben ihre Frauen als ihre Schwestern aus, um sich selbst nicht in Gefahr zu begeben. Das lässt tief blicken …

REBEKKAS UND ISAAKS GESCHICHTE HAT SOAPCHARAKTER

Auch Rebekka gilt, wie Sara, lange als unfruchtbar, und ihre beiden Söhne, Esau und Jakob, sind ein Wunder. Was dann folgt, hat wahren Soapcharakter. Denn Rebekka hat einen Lieblingssohn, den Jakob. Der ist allerdings der jüngere von beiden und damit nicht so privilegiert wie Esau.

Doch wo ein Wille ist, da ist auch ein Weg. Rebekka greift ganz tief in die Trickkiste und veräppelt ihren eigenen Mann, bringt den älteren Sohn um sein Erbe und sprengt damit die Familie auseinander.

Am Ende versöhnt sich die ganze Sippe wieder.

Wie die Beziehung zu Ende geht, ist nicht bekannt.

Timing des Beziehungsstarts: Ein fingiertes Treffen am Brunnen.
Sinn der Beziehung: Liebe. Weiterführung der Erzvaterlinie und eine ordentliche Portion Familientrouble im Hause Isaaks.

Sonstiges: Rebekka bekommt eine Weisung von Gott (1. Mose 25,23). Das ist ungewöhnlich und tut dem Ego von Isaak gewiss nicht gut.

Dies sind nur einige Beispiele von Beziehungskisten aus dem Alten Testament. In der Bibel stehen viel mehr.

Dort wird von Lot und seiner Frau erzählt, die den Blick zurück wagte und dafür zur Salzsäule erstarrte.

Es geht um Jakob, der von seinem Schwiegervater hintergangen wurde und von ihm seine schwer vermittelbare Tochter Lea anstatt seiner angebeteten Dame Rahel ins Ehebett gelegt bekam.

Es geht um Mose und Zippora, David und seine Frauengeschichten, um Ahab und Isebel, Elkana, Hanna, Hosea und Gomer, ...

Geschichten, in denen der Beziehungsgedanke pervertiert wird und die teilweise gar nicht den Namen »Beziehungen« verdient haben. Ich weiß nicht, warum das passiert und welche Rolle Gott dabei spielt, und ich möchte diese Geschichten auch nicht harmonisieren. Sie bleiben mir ein Rätsel. Auch der Gedanke, dass das alles auf dem sogenannten Sündenfall von Adam und Eva fußt, ist theologisch vielleicht nachvollziehbar, aber mit dem Herzen schwer zu begreifen.

Grundsätzlich gilt, dass alle biblischen Beziehungsgeschichten *nur* im Gesamtkontext und im Einklang mit der damaligen Kultur, Gesellschaft und Epoche verstanden und gelesen werden können.

Das bedeutet jedoch *nicht*, dass uns diese Geschichten nichts zu sagen haben, weil sie einer anderen Zeit entspringen. Nein, die Bibel ist ein dynamisches Buch, welches vor allem dadurch überrascht, was *nicht* drinsteht, obwohl es als biblisch vorausgesetzt wird.

Ich bin erstaunt, wie viele biblische Paare mir schon auf der Zugfahrt eingefallen sind. Allerdings muss ich zugeben, dass ich hinterher noch einmal gründlich und mit anderweitiger Literatur nachgearbeitet habe.[5]

Mein Fazit:

Es fällt auf, dass alle Beziehungen einem höheren Zweck dienen. Und alle Beziehungen sind sehr nüchtern beschrieben, voller Konflikte. Wenig Hollywood, wenig Zuckerguss und wenig Amore ... »Es war halt eine andere Zeit«, seufze ich in mich hinein, und die Distanz zwischen unseren Beziehungsgeschichten und der biblischen Überlieferung scheint größer zu werden.

»Andererseits ...«, denke ich weiter. »Andererseits sind wir uns doch ähnlich.«

Ich lehne mich zurück und schaue aus dem Zugfenster.

Timing hin oder her, wir sind Beziehungsmenschen, wir brauchen Leute, mit denen wir Leben teilen. Gerade die intimsten Momente.

Klar, Männer hatten es damals einfacher als Frauen. Das haben uns die Patriarchen vorgemacht. Das hat sich zum Glück geändert. Aber Männer hatten damals auch andere Alltagsprobleme zu meistern.

Und Beziehungssinn hin oder her: Wir sind auch Angsthasen, die sich dann, wenn es ernst wird, gerne mal wegducken und nicht zu unseren Partnerinnen und Partnern stehen (siehe Isaak und Abraham).

Wir sind trotz Beziehung immer auch auf unser eigenes Wohl aus, schicken MitbewerberInnen gerne in die Wüste (siehe Sara) oder nehmen gut geplanten Einfluss auf die Geschicke unserer Beziehung (siehe Rebekka).

Das sind alles Gründe, die Beziehungen belasten.

Und noch während ich meine neu gewonnenen Erkenntnisse in den Computer hämmere, den Kaffee dabei kalt werden lasse und gar nicht merke, wie der ICE die geringe Verspätung Minute um Minute aufholt, fühle ich, wie die biblischen Protagonisten in mein Bewusstsein eindringen, imaginär meine Hand nehmen und mich mit ihrer Beziehungswelt in Verbindung bringen.

BEZIEHUNG IST MEHR ALS NUR DU UND ICH

Ich sehe sie alle in einer Reihe: Rebekka, Sara, Abraham und Isaak.

Sie stehen da und lächeln. Ich stelle mir vor, wie Sara zu mir sagt:

»Daniel, du hast nur einen kleinen Einblick bekommen in unsere damalige Welt. Aber der reicht, um zu wissen, dass es bei unseren Beziehungen damals in erster Linie gar nicht um uns selbst als Personen ging. Wir haben einen Auftrag verfolgt, wir haben für die

Gemeinschaft gelebt und geliebt. Es ging bei uns sehr selten um das Einzelschicksal, sondern immer um den ganzen Familienverbund, das ganze Volk, den ganz großen Plan von Gott. Tja, das war unser Schicksal. Es war eine harte Zeit, aber wir waren uns trotzdem sicher, dass Gott uns als individuelle Menschen sieht und liebt. Und diese Gewissheit gilt heute auch. Nur dass ihr heute öfter mal an das große Ganze erinnert werden müsst. Gerade weil die heutige Gesellschaft so individualistisch daherkommt, Beziehungen als persönlicher Glücksgarant angesehen werden und man sich dadurch gegenseitig so wehtut.«

Und dann verschwinden die Herren und Damen wieder. Was für ein Moment.

Die uns überlieferte Bibel kommt aus einer anderen Zeit. Eine Zeit, die wir gerne als überholt und sehr, sehr hinterwäldlerisch im Kopf haben. Aber in Sachen Gesamtüberblick einer Beziehung sind sie uns doch manchmal ein Vorbild. Ein Blick über den Tellerrand der eigenen Beziehung, der eigenen Version und Sichtweise, egal ob geschieden oder nicht, tut gut. Und bringt nach vorne.

Und so lande ich wieder bei Manus Geschichte. Denn er hat mir das mit dem Gesamtüberblick vorgemacht: Das Timing im Rückblick als sinnvoll anerkannt, den Sinn oder Unsinn nicht direkt an der zerbrochenen Liebe festgemacht und das Vertrauen darauf, dass Gott hält, behalten.

Noch einmal: Chapeau, lieber Manu!

Ich habe etwas gelernt.

Und trotzdem stehen noch viele Fragen auf meinem Zettel.

Das ist gut so. Denn wie habe ich von einem befreundeten Schriftsteller gelernt:

»Eine Geschichte ist nur dann spannend, wenn noch Fragen offenbleiben.«

Deshalb freue ich mich auf die weiteren Gesprächspartner auf meiner Reise. Aber jetzt muss ich erst mal aussteigen. Mein Zug ist angekommen. Pünktlich!

Und trotzdem bin ich noch lange nicht am Ziel.

RITA UND BJÖRN – EINMAL SCHEIDUNG UND ZURÜCK

> Bevor unser Leben begann,
> war der wirkliche Anfang unserer Existenz
> jener magische Moment,
> als die Liebe eine Frau und einen Mann ergriff
> und ein besonderes Paar erschuf:
> unsere Eltern.[6]

An diesen Satz von meinem neuen Inspirationsgeber Michael Lukas Moeller muss ich denken, als mitten in Dortmund die Wohnungstür geöffnet wird und mir der kleine Phil entgegenstolpert. Ein cooler kleiner Junge mit aufgeweckten Augen.

Seine Eltern machen ebenfalls einen richtig netten Eindruck. Ich bin bei Rita und Björn zu Gast. Ich kenne beide bisher nicht, der Tipp kam von meiner Schwägerin mit dem Hinweis: Die beiden haben auf jeden Fall etwas zu dem Thema zu erzählen. Wie recht sie doch hatte ...

Ich rede heute mit Phils Eltern über ihren magischen Moment der Liebe, aber auch über die zerstörenden Momente, die ihre Liebe vertrieben haben, und über den megamagischen Moment, der die Liebe zurückbrachte. Denn, so viel sei verraten: Rita und Björn haben geheiratet, haben sich scheiden lassen und haben erneut geheiratet. Diese Information ist vorab wichtig, damit Sie dem Gesprächsverlauf gut folgen können.

Die beiden bitten mich herein und schon bin ich mitten drin im Familienleben. Wir essen erst mal zu Abend und während unseres gesamten Gesprächs ist Phil mit am Start. Er robbt, klettert und brabbelt sich durch unsere Unterhaltung und ist dabei (zumindest für mich) nie ein Störfaktor, sondern immer ein lebendiger Beweis dafür, welch unfassbare Wege und Umwege die Liebe mit zwei Menschen gehen kann.

Ich frage die beiden, wo sie mit ihrer Geschichte anfangen würden, am Ende oder am Anfang? Sie entscheiden sich für den Beginn und so stelle ich mein Aufnahmegerät zwischen Butter und Schinken und drücke auf Aufnahme.

Rita und Björn kennen sich seit 2005. Sie haben sich zum ersten Mal in einem Gottesdienst bewusst wahrgenommen. Und später verliebt. Wie es dann weiterging, verdeutlichen ein paar Zahlen:

- Nach dem ersten Blickkontakt-Gottesdienst kommt es *vier bis fünf Monate* später zu einigen *intensiven Unterhaltungen* zwischen den beiden
- Nach weiteren *zwei bis drei Monaten* sind die beiden *ein Paar*
- *Ein Jahr* später feiern sie *Verlobung*
- *Ein weiteres Jahr* später läuten die *Hochzeit*sglocken

Für Rita war Björn der erste feste Freund. Björn hatte schon einige Beziehungen, aber beide sind sich schnell sicher: Der/Die isses!

EIN »NICHTANTRAG« VOR DER HOCHZEIT

Bei der Frage nach dem Hochzeitsantrag muss Rita lachen und korrigiert mich. Es war wohl eher ein »Nichtantrag«, denn Björn war viel zu aufgeregt und hat ihr am Ende einfach nur das Kästchen mit dem Ring hingehalten und so etwas wie *»Du kennst ja die Frage und ich hoffentlich die Antwort«* gemurmelt.

Rita nimmt den Antrag an. Ganz bewusst. »Wenn ich mir in dem Moment nicht absolut sicher gewesen wäre, hätte ich nicht Ja gesagt«, erinnert sie sich.

Björn war es von Anfang an klar: »Ich wusste, dass ich mit ihr glücklich werde. Ich hatte ja schon ein paar Freundinnen, aber mit Rita war es anders. Ich konnte mich sehr gut mit ihr unterhalten. Das kannte ich gar nicht. Meine vorherigen Freundinnen musste ich immer irgendwie bei Laune halten, damit es keinen Stress gibt.«

Die Erinnerungen an ihre (erste) Hochzeit sind durchweg positiv. Viele liebe Menschen haben mitgefeiert. Es war ein warmer Sommertag und die Welt hing voller Geigen. So muss das bei einer Hochzeit auch sein, finde ich.

Doch eine erste kleine Gewitterwolke zog dann doch relativ schnell auf. Rita nahm die Kommunikationskultur des frisch verheirateten Paares nämlich anders wahr als ihr Ehemann: »Du hast das alles als sehr entspannt empfunden. Ich nicht so. Ich kenne es von zu Hause, dass Dinge offen angesprochen und ausdiskutiert werden, da kann es durchaus laut zugehen, wir streiten auch mal. Ich habe relativ schnell gemerkt, dass Björn das nicht so gut kann. Das hat mich sehr herausgefordert. Es gab Momente, in denen mir Björn Dinge nicht gesagt hat. Oder schlimmer, mich angelogen hat, um Konflikten aus dem Weg zu gehen.«

Björn war viel zu aufgeregt und hat ihr am Ende einfach nur das Kästchen mit dem Ring hingehalten und so etwas wie »*Du kennst ja die Frage und ich hoffentlich die Antwort*« gemurmelt.

Das hatte mit den vorherigen Beziehungen von Björn zu tun. Und Rita wusste das auch. Doch sie beruhigte sich selbst, indem sie sich vornahm, ihm immer wieder zu zeigen und zu sagen, dass man unangenehme Dinge ruhig ansprechen kann und dass es, entgegen seinen anderen Erfahrungen, nicht die komplette Beziehung auf den

Prüfstand stellt. Doch dass es so eine Herausforderung werden würde, damit hatte sie nicht gerechnet.

Ein anschauliches Beispiel dafür ist das Rauchen. Rita ist allergisch gegen den Qualm. Björn wollte für sie das Rauchen aufgeben. Er schaffte es aber nicht sofort. Das hatte zur Folge, dass Rita fast einen Asthmaanfall bekam, wenn sie sich küssten, und Björn trotzdem behauptete, nicht geraucht zu haben.

RITA REAGIERT ANDERS ALS BJÖRNS VORHERIGE FREUNDINNEN

»Da kamen meine Versagensängste ins Spiel«, sagt er. »Wenn ich etwas nicht hinbekommen habe, dann wollte ich das nicht zugeben, sondern mit mir selbst abmachen. Woher das kommt, weiß ich gar nicht genau. Ich wollte wirklich aufhören mit dem Rauchen, aber ich habe es nicht geschafft. Das an sich wirft mir ja niemand vor. Aber anstatt zu sagen: ›Hier, ich habe heute wieder geraucht. Dann gehen wir halt an der frischen Luft spazieren und du bekommst keinen Kuss.‹ habe ich dann gelogen. Weil ich es mir nicht eingestehen wollte.«

Rita reagierte auf Björns Verhalten anders als seine vorherigen Freundinnen. Die sind direkt an die Decke gegangen. Rita zeigte Björn auch deutlich, dass sie das nicht gut fand, ging dabei aber ruhiger vor.

Apropos entspannt: Sehr entspannt finde ich den Umgang von Rita und Björn mit ihrem Sohn während unseres Gesprächs. Ich habe keine Sekunde das Gefühl, dass sie gedanklich abgelenkt sind, obwohl ihr kleiner Sohn so richtig Gas gibt. Und der wirkt auch sehr entspannt. Dickes Kompliment an die Familie.

Weit vor Phils Zeiten und einige Zeit nach ihrer Hochzeit spitzte sich das Kommunikationsproblem zwischen Rita und Björn immer weiter zu. Es ging schon längst nicht mehr nur um den Zigarettenqualm, sondern andere Bereiche des Lebens trübten die Sicht der beiden Ehepartner aufeinander.

Björn studierte noch, und immer wieder, wenn mal eine Klausur danebenging, gab er das nicht zu, sondern tat so, als ob alles in Ordnung wäre: »Es war ein bisschen so, wie der Ehemann, der gefeuert wird und sich zu Hause nichts anmerken lässt, jeden Tag weiterhin das Haus verlässt und immer ›Alles in bester Ordnung‹ sagt.«

Ich frage mich (und die beiden), ob das nicht auch ein bisschen »typisch Mann« ist. Also, der einsame Kämpfer, der die Dinge mit sich selbst regeln muss!?

»Klar!«, antwortet Björn. »Aber bei mir war es noch ein bisschen ausgeprägter. Und zwar in einer Form, die unserer Beziehung nicht gutgetan hat. Ich habe das zu spät gemerkt. Wie so ein morscher Balken, der immer morscher wird und irgendwann bricht er dann zusammen.«

Der Bruch stand auch für Rita kurz bevor. Sie empfand die Vorgehensweise von Björn immer mehr als Vertrauensbruch und konnte immer schlechter damit umgehen. Sie hinterfragte sich, indem sie in Erwägung zog, genauso zu reagieren wie Björns Freundinnen zuvor. Aber Randale und Remmidemmi erschienen ihr auch nicht als das geeignete Mittel und so beruhigte sie sich wieder: Das bekommen wir schon hin.

Sie sagte ihm oft, dass er ihr gegenüber ehrlich sein könne und nichts zu befürchten habe. Sie wiederholte es ständig und in verschiedenster Form. Es kam augenscheinlich nicht an.

FÜR RITA STAND FEST: BJÖRN IST DAS PROBLEM

Auch aus diesem Grund entwickelte sich bei Rita daraufhin etwas, was der ganzen Situation nicht zuträglich, aber trotzdem eine ganz normale Reaktion war. Sie fing an, persönlich immer unzufriedener zu werden. Mit Björn und der Situation an sich. Ein schleichender Prozess. So fand sie immer irgendwelche Gründe, warum etwas nicht klappte, nicht gut war oder besser werden musste. Ein schleichender, zersetzender Prozess begann. Zeitgleich entwickelte sich ein großes Misstrauen gegenüber Björn.

»Das ging so weit, dass ich alles angezweifelt habe, was Björn gemacht hat«, sagt Rita. »Ich wollte ihm das nicht zeigen und habe meine Gefühle versteckt. Geklappt hat das nicht immer. Das hat das ganze Problem so übermächtig groß gemacht, dass ich es nicht angehen konnte. Ich wusste nicht mehr, wie wir das wieder hinbekommen sollten. Es gab ja auch immer wieder Rückschläge. Gerade, wenn wir eine Geschichte ausgeräumt hatten und etwas Vertrauen aufkam, bog die nächste Nummer um die Ecke. Ehrlich gesagt bin ich da auch mit Björn nicht immer fair umgegangen. Ich war hilflos. Und irgendwann stand der Entschluss für mich fest: Björn ist das Problem.«

Und dann kam der große Knall.

In einer wichtigen Matheklausur hatte Björn einen Blackout. Zudem war er auch noch krank und konnte sich nicht richtig konzentrieren. Zusammengefasst: Er fiel durch und damit hatte er in diesem Fall keine Chance mehr, diese Klausur nachzuholen und damit sein Studium erfolgreich zu beenden.

Zu Hause ließ er sich aber nichts anmerken. Später log er Rita an und erzählte ihr, dass er ganz knapp bestanden hätte, und nebenbei versuchte er, das Ding geradezubiegen. Er redete mit seinem Dozenten, versuchte, ein ärztliches Attest nachzureichen, aber das nützte alles nichts.

Irgendwann, weit nach Klausur und negativem Ergebnis, gestand er Rita dann doch, dass er komplett durchgefallen war, doch das kam für Rita zu spät. Und diese Nachricht, gepaart mit den vielen anderen Geschichten, führte dazu, dass das ganze »Wir schaffen das schon«-Gebilde in Rita zusammenbrach. Ihr Beziehungshaus stürzte in diesem Fall in sich zusammen: »In diesem Moment ist etwas kaputtgegangen. Ich wusste ja bis dahin nichts von seinen ganzen Rettungsversuchen, er hat alles verheimlicht und daraus entstand ein großes Lügenkonstrukt. Das aus kleinen Unwahrheiten so etwas Großes entsteht, hätte ich nicht für möglich gehalten.«

»Das aus kleinen Unwahrheiten so etwas Großes entsteht, hätte ich nicht für möglich gehalten.«

Das Misstrauen wuchs, alles wurde schlimmer. Rita sah Björn vermeintlich schon an, wenn er wieder nicht die Wahrheit erzählte. Sie interpretierte, bohrte nach und zerstörte damit die letzte Vertrautheit zwischen den beiden. Björn fühlte sich mittlerweile wie in seinen vorherigen Beziehungen.

Die Ehe steckte in einer handfesten Krise.

Mittlerweile sind wir von der Küche ins Wohnzimmer gewechselt. Phil ist immer noch mit dabei und hangelt sich zwischen Wohnzimmertisch und Sofa hin und her. Ich weiß nicht warum, aber es beruhigt mich, dass er da ist. Ich merke, wie mich diese Geschichte berührt. Gerade in dieser Phase des Gesprächs tut es gut, durch ihn daran erinnert zu werden, dass alles gut wird. Es ist der punktuelle Wunsch nach einem Happy End, der mich überfällt. Kenne ich sonst gar nicht von mir. Es geht auch gar nicht um mich, sondern um die unglaublich netten Menschen, die mir gegenübersitzen. Und mit denen ich über die schwierigste Zeit ihrer Beziehung rede.

»WENN EINE BEZIEHUNG NICHT IN ORDNUNG IST, DANN LIEGT DAS IMMER AN BEIDEN.«

Björn war sich dessen bewusst, was er tat, ahnte zu dem Zeitpunkt aber nicht, was das in Rita auslöste. Und das verstehe ich ein bisschen. Denn mit seiner Art und Weise verletzte er seine Frau nicht absichtlich, sondern er reagierte einfach so, wie er es gelernt hatte. Immer und immer wieder. Er begann eine Therapie und arbeitete vergangene Sachen auf. Hier wurde ihm auch klar, dass sein Verhaltensmuster von der Versagensangst genährt wurde. Ein erster Schritt für die spätere Aufarbeitung.

Trotzdem sah er sich nicht als den Schuldigen, auch wenn er von Rita in diese Ecke gedrängt wurde. Für ihn war klar: »Ich haben einen großen Anteil daran, dass die Beziehung nicht läuft, aber wenn eine Beziehung nicht in Ordnung ist, dann liegt das immer an beiden.«

Ein sehr interessanter Satz, den ich mir noch mal vorsage: Wenn eine Beziehung nicht in Ordnung ist, dann liegt das immer an beiden. Ich werde kurz an das Gespräch mit Manu erinnert. Der hat das auch so ähnlich formuliert. Es ging um die Schuldfrage. Und wieder einmal bin ich beeindruckt, weil ich glaube, dass diese objektive Betrachtung Sinn macht. Auch wenn es in Björns Fall etwas vereinfachend klingt, denn er saß ja auf der Anklagebank. Zumindest für Rita. Was war dann ihr Fehler in der Beziehung? Hat sie sich zu sehr auf dem »Wir schaffen das schon«-Spruch ausgeruht?

Für sie war klar: Björn war der Schuldige. Das brannte sich immer fester ein. Sie hinterfragte ihre Verhaltensweise nicht mehr, weil für sie in jeder Situation klar war: Björn hatte wieder mal Mist gemacht. Sie sah ihren Anteil an dieser Beziehungskiste völlig klar: »Es war nicht in Ordnung, dass ich zu Beginn unserer Beziehung nicht auf meine innere Stimme gehört habe. Ich hätte das viel eher ansprechen müssen. So habe ich es immer nur mit mir ausgemacht.«

Das hat eine negative Gedankenspirale in Gang gesetzt und trotzdem hat Rita nach außen und auch vor Björn immer versucht, sich zusammenzureißen. Eigentlich hat sie ihm auch lange etwas vorgespielt. Sie wollte nicht so reagieren wie die anderen Freundinnen, also hat sie ihren Ärger lange heruntergeschluckt und Björn damit signalisiert: Ist doch nicht so schlimm.

Auch nach dem großen Knall hat sie weiterhin gesagt: »Ich bin für dich da!« Nur gefühlt hat sie das nicht mehr. Das hat zu einer großen emotionalen Entfremdung geführt und irgendwann kam dann die bittere Erkenntnis bei Rita:

Es geht nicht mehr gemeinsam. Rita teilt ihre Trennungsgedanken Björn mit. Die beiden gehen sich aus dem Weg, wohnen aber weiterhin zusammen.

In dieser Phase sprachen sie mit einem Paar aus ihrer Gemeinde. Die beiden kannten Rita und Björn, waren seelsorgerlich erfahren, betonten aber (oder deshalb) immer wieder, dass sie dort helfen würden, wo es geht, aber das Gefühl hätten, dass Rita und Björn in ihrer Situation professionelle Hilfe in Anspruch nehmen sollten.

Sie begaben sich jeweils in Einzeltherapie. Das war auch zielführend. Allerdings vor allem für sie als Einzelpersonen und nicht als Paar. Sie arbeiteten an ihrer Persönlichkeit, lernten Dinge aus der Vergangenheit kennen und entwirrten persönliche Lebensfäden. Björn genauso wie Rita. Der Auslöser und der Grund für die Therapien war die Trennung. Der Ertrag führte eher zum eigenen Selbstbewusstsein.

Bei Rita wurde folgender Gedanke immer größer: »Ich komme ohne Björn besser zurecht. Die Beziehung zu ihm macht mich kaputt.« Sie konnte ihren Schmerz über und durch die Beziehung endlich rauslassen, musste es nicht mehr länger nur mit sich selbst ausmachen, kam aber deshalb auch zu der Erkenntnis, dass sie die Geschichte beenden musste, um nicht noch mehr zu leiden.

Björn war weiterhin bereit, an sich zu arbeiten, die Therapie fortzusetzen und alles dafür zu tun, dass sich die beiden wieder näherkommen. Doch Rita war zu verletzt und zu ungeduldig, um den Gedanken des Gemeinsamen zu denken. Das formulierte sie Björn gegenüber. Die Konsequenz: Björn zog aus.

»Wir haben versucht, uns aus dem Weg zu gehen«, meint Rita. »Eine Trennung auf Zeit. Im Nachhinein kann ich sagen, dass ich nicht mehr daran geglaubt oder darauf gehofft habe, dass unsere Beziehung wieder in Ordnung kommt. Ich wollte einfach den schmerzenden Faktor loswerden. Und der war in meinen Augen Björn. Es war hart, aber auch wenn ich das mal anders entschieden oder gefühlt habe: Ich liebte Björn nicht mehr.«

Deshalb ging nach dem Trennungswunsch auch der Scheidungswunsch von ihr aus. Im Rückblick sagt sie: »Es war gut, dass ich an den Punkt gekommen bin. Dieser komplette Schlussstrich war unheimlich wichtig für mich. Denn sonst hätte nichts Neues entstehen können.«

Björn hatte mit diesem weiteren konsequenten Schritt von Rita gerechnet. Sie hatten nach der Trennung immer weniger Kontakt. Für ihn war Rita immer noch die Frau, mit der er alt werden wollte. Die Zeit der Trennung setzte ihm ordentlich zu und verletzte ihn.

Das Trennungsjahr lief, aber ansonsten lief nichts mehr.

Eigentlich war es zu diesem Zeitpunkt vorbei. Das Trennungsjahr lief, aber ansonsten lief nichts mehr. Und dann erzählen mir die beiden etwas Krasses.

EIN PROPHETISCHES BILD ZUR FALSCHEN ZEIT?

Ein gemeinsamer Bekannter erzählte Rita und Björn unabhängig voneinander, dass er ein »Bild von Gott« bekommen habe. Einen prophetischen Eindruck. Also eine eventuelle Nachricht von Gott, für Rita und Björn bestimmt. Und zwar hatte er in seinen Gedanken gesehen, wie Björn und Rita in ferner Zukunft wieder gemeinsam auf der Bühne stehen und ein Zeugnis über ihre Beziehungsgeschichte geben würden.

Als ich das höre, falle ich fast vom Stuhl und frage, auch um meinen Schock zu überspielen, schnell nach ihrer Reaktion auf diese ungewöhnliche Message.

Björns sensationelle Reaktion lautet: »Tja, das bringt mir jetzt aber gerade auch nichts.«

Rita erfährt am Telefon von dem Bild und ist geschockt. Wie kann jemand es wagen, in so einer Situation mit einem geistlichen Kniff um die Ecke zu kommen?

»Ich war wütend«, sagt sie auch Jahre später noch. »Mich hat das richtig sauer gemacht. Allerdings hat er das wirklich vorsichtig formuliert und ganz zurückhaltend an uns weitergegeben. Ohne Druck oder irgendwelche Erwartungen.«

Jawohl, sage ich so zu mir selbst. Das verstehe ich gut. Ich komme gedanklich immer mehr in Fahrt und wettere innerlich richtig los: Wie kann man so eine Trennungsgeschichte nur auf diese geistliche Ebene stellen und damit beide Beteiligten nur noch mehr durcheinanderbringen. Das ist ja fast Manipulation.

Später, als ich die Wohnung der beiden verlassen habe und im Auto sitze, denke ich noch mal über diesen Teil der Geschichte nach. Warum hat mich das so aus der Fassung gebracht? Warum rege ich mich darüber auf, wenn zwei Menschen auf so eine Art und Weise eine

Nachricht überbracht bekommen? Was hat der Bekannte in meinen Augen falsch gemacht? Nicht viel eigentlich. Rita und Björn haben mir nicht den Eindruck vermittelt, als hätte sie das unter Druck gesetzt. Björn war es ziemlich egal, er sah sich sowieso in einer aussichtslosen Lage, und Rita war wütend, weil sie sich ein wenig zurechtgewiesen fühlte. Aber beide haben aufgrund dieser Nachricht nichts an ihrer momentanen Situation verändert.

Glaube ich nicht daran, dass Gott so reden kann? Ich meine, ich glaube an einen unsichtbaren Gott und an die Tatsache, dass er existiert und immer noch Einfluss auf unser Leben nimmt. Nicht als Puppenspieler, aber in einer wie auch immer gearteten übernatürlichen Art. Und ein weiterer Punkt ist für mich ziemlich sicher. Warum ist es so abwegig, dass er sich in dieser Form offenbart?

Das hat wahrscheinlich etwas mit meiner Vergangenheit zu tun. Ich habe erlebt, wie solche Auslegungen missbraucht und dafür benutzt wurden, um Menschen zu manipulieren. Deshalb schrillen bei mir immer die Alarmglocken, wenn Menschen mit so einer Story um die Ecke biegen.

In diesem Fall entscheide ich mich, objektiver an die Sache heranzugehen und sie so stehen zu lassen, wie sie Rita und Björn wahrgenommen haben: Als eine eventuelle Nachricht von Gott. Nicht mehr und nicht weniger. Und eins weiß ich sowieso: Gott manipuliert uns nie! Wenn, dann sind es die Menschen, die vermeintlich in Gottes Namen Dinge behaupten, die Menschen in Bedrängnis bringen. Aber so haben Rita und Björn die Nachricht auch nicht verstanden. Danach habe ich sie explizit gefragt. Und schließlich war dieses »Bild« auch für sie bestimmt und nicht für mich. Wahrscheinlich weiß Gott schon, wem er so etwas zumuten kann und wem nicht.

Der gemeinsame Bekannte blieb weiterhin ein wichtiger Bestandteil in der Trennungs- und nahenden Annäherungszeit von Björn und

Rita. Er begleitete Björn und gab ihm Halt. Und er ermutigte ihn, sein Glück bei Rita noch einmal zu versuchen.

FÜNF WOCHEN FÜR EINE SMS

»Nur rumsitzen bringt auch nix«, sagte er ihm. »Schreib ihr doch mal eine SMS. Einfach so. Da muss ja auch nicht viel drinstehen. Ein »Wie geht's dir« kann schon reichen.« Vier bis fünf Wochen vergingen, ehe Björn tatsächlich eine SMS an Ritas Nummer schickte und auf eine Antwort wartete.

Und wartete. Und wartete.

Rita bekam die SMS und war irritiert. Warum schrieb Björn jetzt? Sie hatte sich mit der Trennung abgefunden, beschäftigte sich schon mit der Scheidung und fand die Kontaktaufnahme »eher blöd«. Es brachte sie durcheinander. Ein kleiner und leiser Gedanke meldete sich in ihr: »Vielleicht will er wieder Kontakt haben… Vielleicht besteht ja doch noch eine Chance.«

Aber diesen Gedanken wollte Rita nicht zulassen. Sie bekam die Situation immer besser unter die Füße und war auf einem guten Weg, um mit der Trennung klarzukommen. Sie stellte sich auf ein Leben ohne Björn ein.

Doch es kamen mehr SMS.

Von Björn.

Immer wieder.

Sie zeigten: Björn hatte immer noch Interesse an ihr. Damit hatte sie nicht gerechnet, nach der langen Zeit der Funkstille. Der von ihr selbst ausgehenden Funkstille. Aber nach einer langen Zeit der Stille nahm sie die Kontaktaufnahmebemühungen von Björn auf einmal anders wahr.

Das Trennungsjahr lief weiter, der Kontakt blieb verhalten. Sie tranken mal einen Kaffee zusammen. Sie gingen gemeinsam spazieren. Sie redeten manchmal. Nichts Weltbewegendes änderte sich in dieser Zeit. Rita war immer noch nicht so weit, dass sie einsah, welchen Anteil sie an dem Beziehungsaus zu verantworten hatte. Kleinigkeiten brachten sie aus dem Gleichgewicht.

Später wurde klar: Diese ganze Phase hatte sie psychisch und körperlich krank gemacht. Dazu kam Stress bei der Arbeit. Rita war labil und das ließ sich auch durch ein paar SMS oder gemeinsame Spaziergänge nicht wegdiskutieren. Starke Anzeichen von einem Burn-out waren erkennbar und sogar Selbstmordgedanken machten sich in ihr breit.

Aber Björn war wieder ein Teil ihres Lebens. Ein kleiner Teil. Er wurde geduldet.

Die Scheidung rückte näher. Ein Brief mit dem Gerichtstermin landete in Björns Briefkasten. Er war traurig. Immer noch. Was auch sonst. Die Scheidung war beschlossene Sache. Selbst die vereinzelten Treffen brachten keinen Hoffnungsschimmer hervor.

KURZ VOR DER SCHEIDUNG EIN NEUES DATE

Eine Woche vor der Scheidung verabredeten sie sich wieder zu einem gemeinsamen Kaffee. Björn hatte keine Lust, wollte das Treffen schnell hinter sich bringen.

Es wurde ein langes Treffen. Rita sagt: »Bei diesem Treffen hatte ich das erste Mal das Gefühl, dass das, was ich zu Björn gesagt habe, auch bei ihm angekommen ist.«

Björn kontert grinsend: »So hattest du es vorher auch noch nie formuliert.«

Beide merkten bei diesem Treffen: Hier war gerade etwas passiert!

Ein dramaturgisch unglaublich heiß gewählter Augenblick, kurz vor der Scheidung. Sie konnten es noch nicht einordnen, merkten aber, dass sie diesen Moment irgendwie festhalten mussten, und verabredeten sich zum erneuten Kaffeetrinken. Und zwar direkt nach der Scheidung.

Eine Scheidung geht schneller über die Bühne als eine standesamtliche Trauung. Auch bei Rita und Björn. Doch der formale Akt verkam für beide nur als Mittel zum Zweck. Als wichtiges Mittel zwar, aber nicht als Mittelpunkt des Tages. Denn nachdem sie den Scheidungsrichter hinter sich gelassen hatten, wandten sie sich sofort einander zu.

Auch dieses Gespräch wurde besonders. Sie unterhielten sich stundenlang und so, wie sie es noch nie vorher getan hatten.

Die Gefühle beider fuhren Achterbahn. Alles schien so unwirklich. Und doch: Ein ganz kleiner Funken begann wieder zu glühen.

Mittlerweile ist es spät geworden und Phil wird langsam müde. Er ist immer noch gut im Wohnzimmer unterwegs, aber die Kletteraktionen werden etwas unkontrollierter. Die Eltern scheinen immer noch tiefenentspannt und ich bin gespannt, wie die Geschichte der beiden weitergeht.

Direkt nach der Scheidung fuhr Rita zur Kur. Die gesundheitlichen und körperlichen Probleme riefen nach einer Auszeit. Eine perfekte Gelegenheit, um die Erlebnisse der letzten Zeit mitzunehmen und im entspannten Kursetting zu verarbeiten.

Und in dieser Zeit machte es bei Rita »Klick«. Sie erkannte, dass sie mit sich selbst unzufrieden war, nahm sich Zeit, über sich selbst nachzudenken, sprach mit einer Therapeutin vor allem über sich, aber dabei schwang so viel »Beziehung zu Björn« mit.

Sie sprach nur über sich und arbeitete an sich und eröffnete damit Björn die Chance, wieder den Herzensplatz in ihrem Leben einzunehmen.

»Ich war der Meinung, *er* macht mich unglücklich«, sagt Rita. »Er muss sich ändern! Doch es geht nicht um Björn. Es geht um mich! Die Kur hat viel bewirkt, indem ich mir auf die Spur gekommen bin. Indem ich mich bewusst gefragt habe: Wie ticke ich, wo komme ich her, was brauche ich? Ich habe mich ganz neu kennengelernt.«

»Ich war der Meinung, *er* macht mich unglücklich«, sagt Rita. »Er muss sich ändern! Doch es geht nicht um Björn. Es geht um mich!«

Sie war an den Kern ihres Problems gelangt.

RITA UND BJÖRN HEIRATEN EIN ZWEITES MAL

Zeitgleich und immer noch war Björn davon überzeugt, dass Rita nach wie vor die Frau seines Lebens war. Er bearbeitete und verarbeitete viel.

Die beiden Treffen vor der Kur, die so unheimlich viel Tiefe hatten und alles andere in den Schatten gestellt haben, beflügelten ihn genauso wie Rita.

Und dann kam es zu dem, was niemand erwartet hatte. Die handelnden Personen am allerwenigsten.

Im Dezember 2013 heirateten Rita und Björn ein zweites Mal. Bewusst. Auf dem karibischen Inselstaat Trinidad und Tobago. Im ganz kleinen Kreis. Freunde von ihnen wohnen auf der Insel. Es war keine Flucht. Aber es war ein bewusst gewählter Ort, der anders war.

Für eine andere Beziehung.

Reset.

Neue Chance.

Sie zählen ihre Hochzeitstage neu.

Warum sie Ja gesagt haben?

Nun, für Björn war es klar: »Weil es die Frau ist, die ich immer lieben werde.«

Und bei Rita? Sie sagt dazu: »Ich habe erkannt, dass Björn nicht das Problem unserer Ehe war. Das hat es mir eröffnet, erneut zu jemandem Ja zu sagen, der Fehler hat, genau wie ich. Er ist die Person, die ich liebe.«

Was für eine Geschichte. Ich atme tief durch und schaue den beiden in die Augen. Das merken sie nicht, weil Phil sich gerade den Kopf am Tisch gestoßen hat und die volle Aufmerksamkeit erfordert.

Ich freue mich sehr über so eine Geschichte.

Klar, sie hätte anders ausgehen können. Ist sie aber nicht.

In der Zeit nach der zweiten Hochzeit genossen die beiden ihren veränderten Status und ihre veränderte Beziehung.

Phil hat sich wieder beruhigt und geht weiter auf Entdeckungstour. Ich bringe das Aufnahmegerät in Sicherheit. Der kleine Junge ist ein Energiebündel.

»Björn hat mir so nette Sachen gesagt. Das habe ich vorher gar nicht wahrgenommen«, schwärmt Rita weiter. »Wir haben aus unseren Fehlern gelernt. Wir beide. Der Kontrollzwang Björn gegenüber war weg. Ich habe mich gefreut, wenn er von der Arbeit nach Hause kam. Banale und tiefe Gespräche waren auf einmal möglich. Mir wurde klar: Das ist die Person, die Gott mir geschenkt hat.«

Da kommt er wieder ins Spiel. Gott. Wie soll es auch anders sein. Er ist der Erfinder der Beziehungen und geht doch oft die seltsamen Wege mit seinen Geschöpfen mit. Aber wie verhält er sich dabei?

»OHNE MEINE BEZIEHUNG ZU GOTT WÄRE ICH VIELLEICHT AUS DEM FENSTER GESPRUNGEN.«

Greift er ein? Schaut er zu? Hält er Händchen? Wie haben das Rita und Björn erlebt? Wo war Gott für sie?

Der Glaube an Gott ist für Rita und Björn existenziell. Vor allem auch, wenn man davon ausgeht, dass Gott immer nur das Gute für seine Geschöpfe im Sinn hat. Im Rückblick lässt sich leichter sagen: Es war gut! Aber oft erst dann. Wie war das mitten in der Situation der Trennung?

Rita wurde das oft gefragt und natürlich hat sie sich die Frage auch selbst gestellt.

Sie hat nie daran gezweifelt, dass Gott da ist. Schon eher an dem, was er vorhat. Warum er das zulässt. Rita hat mit Gott gehadert, war wütend, immer wieder. In Gesprächen und Gebeten hatte sie immer den Eindruck, dass Gott eine Scheidung für sie und Björn nicht vorgesehen hat. Auch durch den Bekannten, der ihnen das prophetische Bild mitgeteilt hat. Das hat sie zusätzlich wütend gemacht. Und trotzdem: Sie war sich der Gegenwart Gottes immer sicher.

Vor allem in den ganz krassen Tiefen: »Als ich dachte ›Jetzt springst du gleich aus dem Fenster‹, da hat Gott mich abgehalten zu springen. Und er hat mich gehalten, als ich in dieser Zerrissenheit gelebt habe, einerseits keine Scheidung zu wollen, andererseits aber auch nicht in dieser Beziehung überleben zu können. Gott war mein Begleiter.«

Den Begriff »Begleiter« gebraucht Björn auch. Er hat während der Zeit sein Vertrauen auf Gott nicht verloren. »Mir war ebenfalls nicht klar, warum das passiert«, erzählt er. »Er mag uns, er liebt uns, er hat das Beste im Sinn, und wenn das das Beste ist, dass wir getrennt sind, dann ist das sehr bitter, aber dann wird es einen Grund haben.

Ich weiß nicht warum, aber ich war auch nicht wütend auf Gott. Ich will nicht sagen, dass ich nie wütend bin, aber …«

In dem Moment fällt ihm Rita lachend ins Wort: »Das würde ich auch nicht sagen.«

»Jajajaja«, entgegnet Björn ebenfalls lachend. »Ich suche bei Gott nicht die Schuld, warum unsere Beziehung nicht funktioniert hat. Das war unser Ding. Er hat uns begleitet, und gute Gesprächspartner an die Seite gestellt und außerdem irgendwie dafür gesorgt, dass wir wieder Kontakt bekommen haben.«

Ich werde sofort an das Gespräch mit Manu und das berühmte »Timing« oder die »Führung« erinnert. Darüber muss ich bei Gelegenheit noch mehr nachdenken. Wie muss ich mir das vorstellen? Gott als Dramatiker, der rote Lebensfäden spinnt und dann ein paar Hürden einbaut? Ein Taktiker, der Weg A, B oder C für uns bereithält und selbst gespannt ist, welchen wir am Ende nehmen? Solche Gedankenspiele sind für mich sehr ertragreich und überhaupt nicht blasphemisch gemeint. Sie bringen mich in meinem Glauben an Gott weiter.

Genau wie mich das Gespräch mit Rita und Björn auf meiner Trennungsreise weiterbringt.

Denn die Geschichte hat mich wirklich umgehauen.

Hochzeit – Scheidung – Hochzeit.

Und jetzt: Familie! Phil hat durchgehalten bis zum Schluss. Auf dem Arm seiner Eltern verabschiedet er mich und das Bild dieser drei wundbaren Menschen behalte ich im Kopf.

Ach, zum Begriff Bild fällt mir folgender Nachtrag ein:

Sie erinnern sich an das prophetische Bild, welches der gemeinsame Bekannte für Rita und Björn hatte, oder!? Die Prophezeiung hat sich erfüllt. Die beiden haben tatsächlich gemeinsam auf der Bühne gestanden und über ihre Beziehung geredet. In ihrer Gemeinde.

Ob Gott in dem Moment wohl eine Flasche Schampus geöffnet hat?

DIE BEGEGNUNG MIT DEM MENTOR – ABSICHTSLOSE BERATUNG?

DANIELS ZWISCHENSCHRITT

Die Begegnung mit dem Mentor ist ein entscheidendes Element im Zyklus der Heldenreise. Ein Mentor prägt den Weg des Helden. Manchmal, ohne dass der Held selbst es mitbekommt. Ein Mentor ist immer für den Helden, spricht unbequeme Wahrheiten aus und hilft aus Liebe.

Wenn man es genauer betrachtet, dann dürfte ich mir auch ein ordentliches Schlückchen aus der Schampusflasche genehmigen. Um ganz entspannt das eben Gehörte reflektieren und verarbeiten zu können. Geht aber nicht. Ich sitze im Auto. Auch nicht schlecht zum Nachdenken. Und während ich das Ruhrgebiet hinter mir lasse und die freie A 2 Richtung Heimat entlangdüse, stoße ich in Gedanken mit Gott auf Rita und Björn an.

Aber Gott und ich haben auch noch Gesprächsbedarf. Niemand meiner bisherigen Gesprächspartner hat Gott in irgendeiner Weise mitverantwortlich gemacht für das Scheitern ihrer Beziehung. Rita, Björn und Manu haben an Gott festgehalten und ihm vertraut.

Das finde ich fast ein bisschen tragisch.

Denn wenn Gott als der Beziehungserfinder gilt, dann hat er doch nicht nur einen gehörigen Anteil daran, dass sich Herz zu Herz findet, sondern dann trägt er doch auch eine gewisse Mitschuld daran, wenn wir uns nicht mehr lieben.

Ich habe schon viele Menschen kennengelernt, die ihre Beziehung als »von Gott geführt« ansehen. Allerdings kann ich mich nicht daran erinnern, dass bei Beziehungsproblemen Gott die Schuld in die Schuhe geschoben wurde. Sobald sich Schwierigkeiten einstellen, geht die Beziehungsführung in Eigenregie über und die Schwierigkeiten bleiben einzig am Paar hängen. Mir liegt es fern, einen Schuldigen für selbst verschuldetes Paarverhalten zu suchen, ich möchte nur die Scheu aufzeigen, die wir an den Tag oder in unsere Gottesbeziehung legen, wenn etwas nicht gelingt. Denn so wie ich die Bibel verstehe, ist Gott in guten *und* schlechten Zeiten da.

Denn wenn Gott als der Beziehungserfinder gilt, dann hat er doch nicht nur einen gehörigen Anteil daran, dass sich Herz zu Herz findet, sondern dann trägt er doch auch eine gewisse Mitschuld daran, wenn wir uns nicht mehr lieben.

HAT GOTT MITSCHULD AM BEZIEHUNGSAUS?

Und die Hürde für gelingende Partnerschaften ist ziemlich hoch, denn Gott hat uns gleich eine doppelte Herausforderung mit in die Beziehungen gegeben:

Er hat uns nicht nur als auf Beziehung angelegte Wesen in diese Welt entlassen, sondern uns auch noch als *individuelle* Wesen erschaffen. Niemand geht als Kopie von irgendjemandem durch die Gegend, wir alle sind verschieden. Das zeigt sich allein an den Unterschieden zwischen Mann und Frau, Mann und Mann, Frau und Frau, Alt und Jung, Europäer und Südamerikaner, …

Es zeigt sich ganz deutlich in der Unterschiedlichkeit der Beziehungsführung. Was ist wem wichtig? Wer liebt wen und warum? Da ist viel Platz für Unterschiedlichkeit.

Es gibt eine Norm, klar, aber die ist in meinem Verständnis von Gottes Plan mit und für uns Menschen schon im Schöpfungsverständnis auf den Punkt gebracht:

Wir haben den Auftrag, die Schöpfung zu bebauen und zu bewahren. Wir sollen uns um die Schöpfung, also auch um uns gegenseitig kümmern. Das bedeutet, es ist unsere Pflicht, darauf zu achten, dass es uns gut geht. Von daher schließt der Schöpfer jegliche Form von Gewalt oder Misswirtschaft gegen die Schöpfung aus. Verletzungen durch Worte und Werke schaden, zerstören und sind nicht gottgewollt. Das gilt auch und gerade für Beziehungen, denn dort sind wir Menschen am verletzlichsten.

Hört sich vielleicht ein bisschen banal an. Das soll alles sein? Wenn ich das allerdings bis zum Schluss durchdekliniere, dann geht's nicht nur um häusliche Gewalt oder andere Formen von Gewalt, sondern um die Kleinigkeiten, den feinen Sand im Getriebe einer gelingenden Beziehung, die unausgesprochenen Erwartungen, die kleinen Spitzen zwischendurch oder den berühmten Tropfen, der das Fass zum Überlaufen bringt.

Damit sind Störungen doch vorprogrammiert. Rita und Björn sind ein gutes Beispiel dafür.

Beide Schöpfungsformen Gottes duellieren sich miteinander.

Die Beziehungsform sehnt sich nach dem Zusammensein, nach Nähe, Austausch und Liebe. Die Individualitätsform macht es so schwer, zueinanderzufinden und beieinanderzubleiben.

Und so drängt sich der Gedanke auf, dass man von wahrem Glück reden kann, wenn eine Ehe ein Leben lang hält. Eine blühende Beziehungsform kann gar nicht vorausgesetzt werden, denn zu viel Individualität spricht von Anfang an dagegen.

Ist das nicht frustrierend?

Nein, denn dieser Gedanke bringt auf verblüffende Weise eine große Entspannung mit sich. Kein entspannendes Zurücklehnen, Armeverschränken und »Wenn das so normal ist, dann muss ich mir ja auch keine Mühe geben«-Denken.

Sondern eine Entspannung, die den falschen Erwartungsdruck nimmt.

EINE FUNKTIONIERENDE BEZIEHUNG KANN NICHT VORAUSGESETZT WERDEN

Diese Erkenntnis steht nicht für offene Beziehungen, sondern für eine unverkrampfte Verbindlichkeit. Denn wenn Gott uns als Beziehungswesen und trotzdem unterschiedlich geschaffen hat, dann nicht, um uns zu ärgern, sondern um uns die komplette Gefühlspalette und Leidenschaft, die es gibt, auskosten zu lassen. Um uns zu inspirieren, unser Leben interessanter zu gestalten und um uns die Extra-Portion Abenteuer zu ermöglichen. Denn nichts bietet mehr Drama, Liebe, Comedy, Thriller oder Action als das Leben selbst.

Denn nichts bietet mehr Drama, Liebe, Comedy, Thriller oder Action als das Leben selbst.

Um das zu vertiefen, setze ich mich, nachdem ich zu Hause angekommen bin, an den Schreibtisch und krame meine alten Unterlagen der Heldenreise wieder hervor. Denn hier sehe ich Parallelen. Ich habe die Heldenreise bei einem Dramaturgie-Seminar für eine Fernsehsendung kennen- und lieben gelernt. Denn sie ist vielseitig anwendbar.

Lassen Sie sich kurz in eine Welt entführen, die viel Märchenhaftes enthält, aber trotzdem unheimlich viel mit der Lebenswahrheit zu tun hat.

Kurzer Exkurs vorab: Der amerikanische Mythenforscher Joseph Campbell entdeckte, dass alle Naturvölker, die er besuchte, eine Gemeinsamkeit hatten: Sie erzählten sich Geschichten, um voneinander zu lernen. Irgendwann fiel Campbell auf, dass diese Geschichten eine typische Situationsabfolge hatten und darin immer wieder ähnliche Charaktere vorkamen.

Christopher Vogler hat als einer der ersten die Relevanz der Heldenreise für erfolgreiches Entertainment entdeckt. Als Student schrieb er eine Hausarbeit zu diesem Thema und verwendete die Heldenreise auch in seiner Arbeit als Story Consultant bedeutender Sender und Studios. Jahre später nahm er sich noch einmal die Zeit, die Bedeutung der Heldenreise in einem Memo zusammenzufassen und verteilte es an Kollegen. Das Memo landete in den Händen von Disneys Jeffrey Katzenberg, der Vogler daraufhin sofort als Story Consultant für »König der Löwen« einsetzte.

Wir mögen »Helden«, die ins Abenteuer ziehen, wir lieben es, ihnen beim Scheitern und Gewinnen zuzusehen. Und bis auf ganz wenige Ausnahmen immer mit dabei: eine Liebesgeschichte, denn die darf, egal ob als Haupt- oder Nebenstrang der Story, auf keiner Heldenreise der Welt fehlen.

Beziehungen sind ein fester Bestandteil der Heldenreise. Nicht nur auf der Leinwand oder im Buch. Wir alle befinden uns auf unserer persönlichen Heldenreise. Jetzt. In diesem Moment. Manchmal sind es die großen Dinge im Leben, die uns zu einer Heldenreise herausfordern, und manchmal machen wir das nebenbei. Die Eroberung eines neuen Jobs ist genauso eine Heldenreise wie die Eroberung der Herzensdame oder des Herzbuben.

Das Leben will erlebt werden. Gemeistert. Gefeiert. Geliebt. Scheitern gehört dazu.

Und eines fehlt auf keiner Helden-, Liebes- oder Lebensreise: der Mentor/die Mentoren.

Menschen, die uns inspirieren. Weiterbringen. Solche, die uns nicht hintergehen, sondern es gut mit uns meinen. Die keine Gegenleistungen von uns erwarten. Sondern uns in die richtige Richtung ziehen.

Die die Situation kennen, in der wir uns gerade befinden, und ebenfalls wissen, wo wir demnächst sein werden.

Wir begegnen ihnen unerwartet oder von langer Hand geplant.

Und Mentoren kleiden sich in den unterschiedlichsten Gewändern. Manche sind jünger als wir selbst, andere älter. Viele sehen unscheinbar aus. Sie haben pfirsichfarbene Haut oder tiefe Falten. Sie teilen mit dir einen einzigen Augenblick im Leben oder wohnen mit dir in einem Haus.

Die flüchtige Zugbekanntschaft, der Professor, die Putzfrau, das eigene Kind oder die Oma. Mentoren sind ein Segen.

GOTT IST *DER* MENTOR FÜR UNSER LEBEN

Und der oberste Mentor von uns Menschen ist Gott selbst. Er hat uns geschaffen. Die biblischen Autoren geben das wieder mit »Gott sah alles, was er gemacht hatte, und siehe, es war sehr gut« (1. Mose 1, 31). Dieser Duktus zieht sich durch die gesamte Bibel. Die Wertschätzung gegenüber uns Menschen ist ein grundlegendes Element. Von »Ich habe euch lieb, spricht der Herr!« (Maleachi 1,2) über »Denn so hat Gott die Welt geliebt« (Johannes 3,16) bis hin zu »Nichts kann uns scheiden von der Liebe Gottes« (Römer 8,39) ist das ein tragendes Fundament.

Der größte Liebesbeweis der Gott-Mensch-Liebe ist die Menschwerdung Gottes selbst. Hier kommt der Mentor selbst vorbei, um uns in unseren zwischenmenschlichen Beziehungen zu unterstützen.

Ich bin mir sicher: Gott ist nicht nur Mensch geworden, um seine Mission »Errettung der gesamten Menschheit durch Tod am Kreuz« durchzuziehen. Sondern auch, um uns Menschen die göttliche Liebe füreinander näherzubringen und um folgende These aus dem Alten Testament zu wiederholen und damit die Welt zu revolutionieren:

> »Du sollst den Herrn, deinen Gott, lieben mit deinem ganzen Herzen und mit deiner ganzen Seele und mit deinem ganzen Verstand.« Dies ist das größte und erste Gebot. Das zweite aber ist ihm gleich: »Du sollst deinen Nächsten lieben wie dich selbst« (Matthäus 22, 37-39).

Das Doppelgebot der Liebe liefert alle nötigen Bausteine für eine gelingende Beziehung.

Jesus hat als Beziehungsmentor damit *den* Satz gesagt, den ich im Kanon der sogenannten »Beziehungs- und Ehebibelstellen« oft schmerzlich vermisse:

- Liebe Gott
- Liebe deine(n) Nächste(n)
- Liebe *dich selbst*

Diese Teilantworten von Jesus auf die Frage »Wie verleihe ich meinem Leben Sinn?« bedingen sich gegenseitig.

Gott ist wichtig, der Nächste ist wichtig, aber ich selbst bin auch wichtig. Und es tut gut, zwischendurch immer mal wieder zu prüfen, welcher der drei Schwerpunkte Über- oder Untergewicht hat.

Dieser Mentorentipp von Gott selbst bietet genügend Stoff, um ein ganzes Leben darüber nachzudenken, ihn zu üben und dadurch beschenkt zu werden.

DAS DOPPELGEBOT DER LIEBE

Ein Dreierpack, welches erfüllt und fordert. Im Leben und in Beziehungen.

Das macht Arbeit. Das tut weh. Da geht auch mal was schief. Es besteht aus Versuch und Irrtum. Aber anders funktioniert es nicht.

Gottesliebe stellt mich immer wieder vor große Hindernisse. Allein schon gedanklich. Wie kann ich jemanden lieben, den ich nicht sehe? Der in einer Dreieinigkeit gedacht wird. Dessentwegen so unrealistische Begriffe wie Sündenfall, Auferstehung und Himmelfahrt plötzlich so real werden.

Und trotzdem gibt mir diese Liebe so unheimlich viel: Von ihm zu reden, für ihn zu singen, seinetwegen zu atmen, durch ihn zu handeln, ihn einfach zu fühlen... Unbezahlbar.

Die Nächstenliebe ist greifbarer, aber nicht leichter. Das Thema der Individualität wirkt sich auf jegliche Form von Beziehungen aus. Egal ob es Menschen sind, mit denen wir die S-Bahn, das Büro, die Wohnung oder das Bett teilen: Hier können die verschiedenen Charaktere, Sichtweisen oder Kulturen erst mal trennen.

Und trotzdem gibt die Nächstenliebe so viel. Mir und meinem Gegenüber. Und sie hat unterschiedliche Namen. Je nach Beziehungsstatus erfahre und gebe ich mal Wertschätzung, Respekt, Toleranz, Vertrauen oder absolute Zuneigung... Unbezahlbar.

Die Selbstliebe hat vor allem zwei Gegenspieler. Da sind die inneren Stimmen, die den Selbstwert klein halten und bei jedem noch so kleinen Fehlschlag eine Party feiern. Und da sind die Stimmen von außen. Die »Du kannst nichts« und »Du bist nicht gut genug« Worte oder Taten, die die Liebe zu mir selbst erschüttern.

Und trotzdem gibt die Selbstliebe so viel: Mir und meinem Gegenüber. Denn wenn ich mich selbst akzeptiere, wertschätze und liebe, dann strahle ich das auch aus. Und mir geht es besser. Ich kann wachsen, gestalten, frei atmen … Leben.

Gottesliebe, Nächstenliebe, Selbstliebe:

Alle drei Formen haben also eines gemeinsam: Sie kosten etwas und sie geben etwas.

So ehrlich muss man sein. Und echte Mentoren sind ehrlich. Sie spielen keine Spielchen und sprechen offen über Risiken und Nebenwirkungen. Sie haben das im Blick. Sie fordern uns heraus, aber sie verlangen keine Perfektion.

An dieser Stelle ist ein kleiner und wichtiger Hinweis auf die falschen Mentoren angebracht, die immer wieder in unser (Beziehungs-) Leben treten. Das sind oft solche Erlebnisse oder Gedanken, die es uns so schwer machen, das Konzept der Gottes-, Nächsten- und Feindesliebe zu leben.

Sätze wie »Gott hat dich vergessen«, »Der andere muss sich aber zuerst entschuldigen« oder »War ja klar, dass ich diese Beziehung vor die Wand fahre« wirken selbstzerstörend. Falsche Mentoren zitieren auch aus der Bibel. Falsche Mentoren verschweigen Dinge oder reden uns nach dem Mund.

Wer liebt, öffnet sich und macht sich damit verletzlich.

Daran hat Gott kein Interesse. Er möchte, dass unsere drei Liebestanks stets gut gefüllt sind.

Und deshalb bin ich mir sicher, dass Gott bei einer gescheiterten Beziehung viel barmherziger mit uns umgeht, als wir das erwarten. Dass er aufgrund unserer Beschaffenheit viel entspannter mit unseren Krisensituationen umgeht, als wir es meinen. Das gilt besonders für die Liebesbeziehungen, in die wir Menschen so unheimlich intensiv eintauchen.

Wer liebt, öffnet sich und macht sich damit verletzlich. Liebe bedeutet Leidenschaft. Wer liebt, gibt alles. Mit Haut und Haaren. Ich kann nicht mit halber Kraft in eine Beziehung starten und dann mal schauen, was sich daraus entwickelt.

Und wer weiß das besser als Gott selbst? Er hat uns erschaffen. Er ist unser Mentor. Deshalb kann er gut nachvollziehen, dass eine Beziehung, die gelingt, ein wahres Wunder, ein lebenslanger Kraftakt und viel Arbeit ist.

WENN BEZIEHUNGEN KOPFSTEHEN, BEHÄLT GOTT DIE ÜBERSICHT

Wenn so eine Beziehung auseinandergeht, die ganze Welt kopfsteht und zwei Herzen zerbrechen, bewahrt einer ganz sicher kühlen Kopf: Gott selbst. Er liebt weiter.

Das darf doch entspannen, oder!? Rita und Björn haben es vorgemacht:

Trotz vieler Fragen und Unsicherheiten scheint das Leben der beiden ein durch Jesus und Gott als Mentor inspiriertes Lebenskonzept zu umfassen. Gerade durch das, was Rita durchmachen musste. Selbstliebe und Nächstenliebe (zumindest Björn gegenüber) waren nicht vorhanden, aber die Gottesliebe, in dem Fall ein Gefühl des Vertrauens, hat dafür gesorgt, dass sie sich getragen fühlte.

Genauso wie Björn hat sie viel investiert und ist belohnt worden. Zugegeben, dass klingt schon ein wenig wie im Märchen bei den beiden. Aber beide haben sich die Selbst- und Nächstenliebe erarbeiten müssen. Ohne zu wissen, wie die Geschichte ausgeht.

Sie haben ihre Komfortzone verlassen und sich auf die Suche nach dem Doppelgebot der Liebe gemacht. Und damit einen Bibelvers beherzigt, der selbst für Psychoanalytiker als leuchtendes Beispiel in der Beziehungstherapie darstellt:

»Seid aber Täter des Wortes und nicht allein Hörer« (Jakobus 1,22).[7]

Und das wurde belohnt.

Und damit ist die Frage, ob Gott eine Mitschuld am Beziehungsaus hat, auch beantwortet. Die Antwort lautet: Vielleicht. Vielleicht auch nicht!

Allein die Frage stellen zu dürfen, bringt Befreiung. Es macht Gott nichts aus, als Mitschuldiger herangezogen zu werden. Er möchte mitverantwortlich gemacht werden, weil er uns so liebt. Weil er mit drinhängt.

Er möchte mitleiden, wenn die Beziehung kaputtgeht. Er möchte mitweinen, wenn sich zwei Menschen nicht mehr lieben. Als begleitender Mentor. Er möchte miteinbezogen werden. In dieser Form ist er uns Menschen viel mehr nütze, als wenn wir uns den Kopf darüber zerbrechen, warum Gott das Scheitern von Beziehungen zulässt.

Das meine ich mit der oben erwähnten Entspannung. Denn dieses ständige Hinterfragen kann auch ganz schön bequem sein. Wenn ich Gott für dies und jenes verantwortlich mache, dann habe ich selbst erst mal keinen Handlungsbedarf. Ich verstecke mich hinter klug formulierten Einwänden und bleibe untätig. Das ist gerade bei einer Beziehungskrise gefährlich.

Wir werden nicht immer verstehen, warum Gott hier und da (anscheinend) nicht eingreift. Aber wir wissen, dass Gott immer auf und an unserer Seite steht. Aus Liebe. Wenn ich mich gedanklich darauf einlasse, dann verändert sich meine Perspektive und damit auch mein Umgang mit einer Beziehungskrise, einer Scheidung oder einem Neuanfang.

Nützlich dabei ist die Erkenntnis, dass wir selbst für unser Handeln verantwortlich sind und nicht Gott. Aber dass er sich trotzdem für uns verantwortlich zeigt und mit uns durch ein Ende mit rosa Herzchen oder mit zerbrochenem Porzellan geht.

Auch das zeichnet einen echten Mentor aus. Er surft nicht nur auf der Welle des Erfolgs mit, sondern bekennt sich ganz zu dem Helden. Auch im Scheitern.

Damit kann ich gut leben. Vorerst!

Ich verlasse die Heldenreise, packe meine Unterlagen wieder fein säuberlich in den Schrank und mache erst mal ...

... Feierabend!

Mir reicht der Gedanke, dass Gott als Mentor die Liebe in den Mittelpunkt rückt. Auch und gerade im Scheitern. Wie genau das funktioniert ... Da erhoffe ich mir von meinem nächsten Gesprächspartner ein paar Antworten.

REINER KNIELING – VOLLER VERTRAUEN GESCHEITERT

> Keinen verderben zu lassen, auch nicht sich selber.
> Jeden mit Glück zu erfüllen, auch sich.
> Das ist gut.
> *Bertolt Brecht*

Erfurts Altstadt macht Sinn. Schon rein optisch. Ich bin beeindruckt von den alten Gassen und Häusern. Und an einem schönen Sommertag wie diesem protzt die Landeshauptstadt von Thüringen geradezu mit ihrem Aussehen. Ich zwänge mich durch eine Touristengruppe und stehe auch schon vor dem Haus, in dem mein nächster Gesprächspartner wohnt. Mein Besuch hier macht auch Sinn.

Prof. Dr. Reiner Knieling wohnt hier. Er ist ein ehemaliger Dozent von mir. Während meiner theologischen Ausbildung im Wuppertaler Johanneum hat er mich mit seiner Art zu denken und zu lehren nachhaltig geprägt. Ich schätze ihn sehr und mir war relativ schnell klar: Mit Reiner möchte ich über das Thema reden.

Das hat auch mit der Ausrichtung meiner Wuppertaler Ausbildungsstätte zu tun. Hier gibt es in der Zeit des Studiums eine Lebensgemeinschaft zwischen den Studenten, aber auch mit den Dozenten. Gemeinsame Mahlzeiten und wöchentliche Termine gehören dazu. Jeder hat zwar seine Privatsphäre und gerade die Dozenten haben genug Möglichkeiten, sich abzugrenzen, aber man kommt doch ins Gespräch. Es wird persönlich, ohne unangenehm zu werden. Ein Konzept, das auf den ersten Blick relativ spießig daherkommt, auf den zweiten Blick aber doch moderner ist als viele Unis und Hochschulen zusammen.

Unter anderem hat mich beeindruckt, wie Reiner Knieling meinem damaligen Kurs und mir von seiner ersten Scheidung erzählt hat. Offen, ehrlich, selbstkritisch, relevant. Freiwillig. Deshalb bin ich in Erfurt.

Reiner Knieling ist zum zweiten Mal geschieden. Gemeinsam mit seiner ersten Frau hat er drei erwachsene Kinder. Mittlerweile arbeitet der Theologe als Leiter des Gemeindekollegs der VELKD mit Sitz in Neudietendorf bei Erfurt. Er wohnt in einer schönen Wohnung mit einem sehr netten Balkon, auf dem wir uns platzieren. Das Gespräch beginnt genau mit dem Abend in Wuppertal, als er uns von seiner ersten Scheidung erzählte, die schon damals einige Jahre her war.

KONTROLLIERTE OFFENHEIT IST WICHTIG

Warum hat er überhaupt mit uns über so ein intimes Thema geredet und das nicht als seine Privatsache behandelt? Denn trotz Lebensgemeinschaft ist das Johanneum gerade darauf sehr bedacht.

»Es kommt auf die Situation an, denn meine Motivationen, warum ich über etwas rede, sind unterschiedlich«, antwortet Reiner. »Ich verarbeite Dinge im Reden. Ich hätte zum Beispiel die schwierigen Phasen der Trennung nicht ohne darüber zu reden durchgestanden. Mit engen Freunden tiefer, mit anderen ein bisschen oberflächlicher. Aber ich hatte den Eindruck, dass ich für mich selbst und in den Freundschaftsbeziehungen nur wahrhaftig sein kann, wenn ich diesen wesentlichen Teil meines Lebens nicht ausklammere. Und irgendwann kam der Punkt, an dem auch das weitere Umfeld irgendwie einbezogen werden musste, damit das Ganze glaubwürdig bleibt.«

Schon in den schwierigen Phasen vor der Trennung und vor meiner Zeit am Johanneum hatte Reiner Knieling einzelne Personen aus dem Dozententeam und auch aus dem Studierendenkreis miteinbezogen. Denn er wollte sichergehen, dass in dem Umfeld, in dem er sich so intensiv bewegte, wenigstens einige Menschen ein bisschen mehr wussten und den einen oder anderen Satz von ihm einordnen konnten.

Das hat für ihn viel mit Wahrhaftigkeit zu tun, was fein säuberlich von einem »psychologischen Striptease« zu unterscheiden ist. Dazu kommt: Theologie ist für Reiner reflektierte Glaubenserfahrung und nicht nur ein gedankliches System. Erfahrungsfreie Theologie kann und will er gar nicht denken und leben.

»Von daher kann ich auch theologische Überlegungen immer nur so weitergeben, dass sie sich auf Erfahrungen beziehen lassen«, sagt er. »Und wenn ich jetzt im Johanneum einen Kurs drei Jahre lang unterrichte und begleite, dann kommt irgendwann auch die Zeit, wo ich über eine persönliche Geschichte reden muss, sodass vielleicht der eine oder andere Faden zu dieser oder jener theologischen Aussage besser erkennbar wird.«

Da hake ich direkt nach, denn wenn ich schon mal einen Theologen vor mir sitzen habe, nutze ich jede sich bietende Gelegenheit, um die Verbindung zwischen Gott und dem Scheitern einer Beziehung näher zu untersuchen. Denn wenn der Glaube nicht ohne Erfahrungswerte funktioniert, dann haben Trennungserfahrungen ja einen ganz schönen Einfluss darauf. Und das bejaht Reiner auch sofort und erwähnt ein Buch, das er nach der ersten Scheidung geschrieben hat. Es heißt *Mit Scheitern leben lernen* und er hat es unter anderem geschrieben, um in der theologischen Auseinandersetzung dieses Scheitern zu verarbeiten. Er muss die Dinge, die er erlebt und erfährt, durchdringen.

GOTT IST NICHT NUR DA PRÄSENT, WO ETWAS GELINGT

Das ist auch sein größter Antrieb in seinem Job als Theologe und in diesem Sinn beeinflusst das Erlebte auch immer irgendwie den Glauben, aber nie in der Form, dass Gott weniger anwesend wäre.

»Das ist für mich immer regelrecht komisch, wenn ich höre, dass da, wo etwas gelingt, Gott mehr präsent sein sollte als da, wo etwas nicht gelingt. Also, nicht dass ich mir kein Gelingen wünsche, aber das Geniale der biblischen Botschaft steckt für mich darin, dass genau da, wo etwas schiefgeht, Gott präsent ist. Also, dass er mitten im Schmerz gegenwärtig ist, dass er mitten im Scheitern seine Kraft entfaltet.«

Und dann erzählt er mir, dass er an einem Osterfest aus Frust über bestimmte Gottesdiensterfahrungen den Gottesdienstbesuch einmal geschwänzt und einen Podcast der *Marble Church of Manhattan* aus den USA angehört hat. Und in dieser Karfreitagsansprache sagte der Prediger sinngemäß: »Wo sich die Welt am schlimmsten zeigt, dort genau entsteht die neue Lebenskraft.« Das ist für Reiner der Kern der biblischen Botschaft.

Das passt zum christlichen Glauben im Allgemeinen, zu Ostern im Speziellen, aber bisher habe ich das nicht mit Trennungen in Verbindung gebracht. Aber es ist schon nachvollziehbar, gerade wenn ich mir das Alleinstellungsmerkmal der christlichen Religion anschaue: Ein Gott macht sich klein und begibt sich auf die Ebene seiner Geschöpfe. Mehr noch, er begibt sich unter die Ebene seiner Geschöpfe. Konsequent zu Ende gedacht, ist das eine Beziehungsebene, die immer greift. Und besonders dann, wenn

Eine Beziehung soll uns guttun. Jegliche Form der Beziehung. Die Liebesbeziehung, die Ehe besonders. Und gerade da geht so viel schief. Warum?

es im eigenen Leben ganz finster aussieht, sakral ausgedrückt: Im Leiden.

Die beiden Begriffe »Beziehung« und »Leiden« bilden für mich erst einmal ein Gegensatzpaar. Eine Beziehung soll uns guttun. Jegliche Form der Beziehung. Die Liebesbeziehung, die Ehe besonders. Und gerade da geht so viel schief. Warum?

IN DER EHE SCHEITERN? – UNVORSTELLBAR

Weil wir besonders in dieser Intimität so verletzlich sind?

Weil wir besonders viel investieren?

Oder weil solche Beziehungen nicht scheitern dürfen?

Dabei ist die eben formulierte Interpretation der christlichen Botschaft der Gegenbeweis. Man darf scheitern. Auch in einer Ehe. Das kann man sich immer wieder sagen oder sagen lassen. Aber wenn es dann so weit ist …

Reiner konnte sich alles Mögliche vorstellen: Im Beruf zu scheitern oder in anderen Bereichen, aber dass gerade seine Ehe auseinandergehen würde, damit hatte er niemals gerechnet.

Im Abstand gesehen war es das gegenseitige Nichtverstehen und die Nichtnähe, wie er es formuliert, die zwischen ihm und seiner ehemaligen Frau immer stärker gewachsen sind. Dadurch wurde ein erneutes Zusammenkommen unmöglich. Besonders frustrierend für beide war, dass nichts passierte, was ihrer Beziehung eine Wendung geben konnte. Kein Gespräch, keine Therapie, keine Bemühungen ließen einen Knoten platzen.

Bereits einige Zeit vor der Trennung sagte Reiner einem Freund im Vertrauen: »Wenn ich kein Christ wäre und keine Kinder hätte, dann würde ich mich trennen.« Seinem Freund war durchaus bewusst, dass diese Formulierung nicht nur einfach so dahingesagt war, denn Reiner ist nicht der Typ, der jede Laune oder Gefühlswallung in der Gegend herumposaunt.

Reiner litt. Seine Frau auch.

Irgendwann wussten beide dann: Es geht nicht mehr!

»Natürlich hätte ich mich selbst weiter zugrunde richten können und meine damalige Frau dazu. Und sie sich auch«, erinnert er sich. »Wir hätten weitermachen können, aber wir haben es Jahre probiert und es war einfach genug. Ich finde, wir haben es auch eher zu lange als zu kurz gemeinsam probiert, das haben uns Menschen von außen auch bestätigt. Für mich war es aber wichtig, es bis zum Schluss zu probieren und jede noch so kleine Hoffnung ernst zu nehmen. Ich habe auch in anderen Lebensbereichen einen langen Atem und viel Geduld, aber wenn ich das Gefühl habe ›Jetzt reicht's‹, dann muss ich aus Selbstschutz eine Grenze ziehen.«

Die Trennung war ein gemeinsamer Prozess. Wer zu welcher Zeit welchen Trennungsschritt vorangetrieben hat, ist irrelevant. Genauso wie die Frage nach der richtigen oder falschen Entscheidung. Reiner fragt sich viel mehr, welcher Weg am wenigsten Leben kaputt macht und am meisten hilft, Leben zu entfalten.

Und er hatte den Eindruck, dass zusammen mehr Leben kaputtging. Nicht nur vorübergehend, sondern dauerhaft, über Jahre. Bei seiner Frau, seinen Kindern und bei ihm selbst auch. Diese Wahl zwischen »dem größeren und kleineren Übel« ist fies und schmerzhaft. Das ist die große Leidensgeschichte. Gerade wenn nicht »nur« eine Ehe, sondern ein ganzes Familiensystem mit im Spiel ist.

Reiner und seine Frau entschieden sich für »das kleinere Übel«. Die Trennung war beschlossene Sache, eine ganz finstere Phase in seinem Leben, in dem sich sein Glaube an einen Gott, der besonders in schwierigen Lebensabschnitten da ist, bewährte. »Ich habe in keinem Moment daran gezweifelt, dass Gott präsent ist, und auch nicht, dass er mich liebt. Für mich war klar, dass die Phase der Lebenskrise jetzt der Moment ist, in dem sich das Evangelium bewähren kann. Und es hat sich bewährt.«

IN EINER UMARMUNG WIRD GOTT SPÜRBAR – ICH WERDE GEHALTEN

Gottes Präsenz zeigt sich für Reiner besonders in dem Halt anderer Menschen. Im wahrsten Sinn des Wortes. Eine feste Umarmung, ein »Gehaltensein« spendet ihm viel Trost und Zuversicht. Seine Freunde sind für ihn da. Spürbar. Denn was andere durch eine Spruchkarte oder ein aufmunterndes Wort erfahren, muss Reiner fühlen. Gott hält.

Das finde ich mal sehr anschaulich. So werden die vielen Spruchkartensprüche richtig handfest. Dieses ganze »Ich bin bei dir«, »Ich halte dich« oder »Bei mir bist du geborgen« kann also auch erlebt werden. Und zwar nicht nur in Frauenfrühstück- oder weiblicher Kuscheldeckenatmosphäre, sondern auch in handfesten Männerfreundschaften. So wird geliebt werden, angenommen sein und gehalten sein spürbar.

Als Vater wollte Reiner vor allem seinen Kindern Halt und Geborgenheit geben. Deshalb hatte er am meisten Angst davor, wie sie die Trennung verkraften würden. An einem Pfingstsonntag sagten sie es den dreien, die zu der Zeit zwischen neun und vierzehn Jahre alt waren. Der Tag vorher war gefühlt eine noch finstere Zeit als all die Tage und Wochen davor. Die Kinder verarbeiteten es in dem Moment und auch in den Monaten und Jahren danach unterschiedlich und in verschiedenen Prozessen.

»Es war für sie alle sehr schmerzhaft«, macht sich Reiner keine Illusionen. »Ich habe aber den Eindruck, dass nach dem ersten Schmerz ein Tick mehr Befreiung bei ihnen spürbar wurde. Sie haben ja auch deutlich gespürt, dass da was gehörig nicht funktioniert, und das bekam jetzt einen Namen. Ich bin sehr dankbar, dass meine Kinder insgesamt gut in ihr Leben gefunden haben.«

Das liegt auch an dem Umgang der Eltern miteinander. Rosenkrieg ist tabu. Es wird auch niemals schlecht übereinander geredet. Reiners Frau zieht ins nähere Umfeld und die Kinder teilen sich auf. Zwei ziehen zur Mama. Der älteste Sohn bleibt bei Reiner. Alle können aber immer und zu jeder Zeit Mama oder Papa sehen.

Das erinnert mich sehr an Manus und Tinkas Herangehensweise: Wir bleiben eine Familie, organisieren uns aber anders.

Krisen und Auseinandersetzungen mit den Kindern gab es natürlich trotzdem. Ob diese aber mit der Trennung zu tun hatten, können die drei nicht mal selbst formulieren. Auch bei Paaren, die zusammenleben, soll es ja zwischendurch mal Krach mit den Kindern geben.

Die Trennung verlief fair.

Auch heute, alle Kinder sind längst erwachsen, ist die Trennung ab und zu Thema. Reiner schneidet es immer mal wieder an, will den Kindern Gesprächstüren öffnen, ihnen die Möglichkeit geben, darüber zu reden, nachzufragen.

Auch bei Paaren, die zusammenleben, soll es ja zwischendurch mal Krach mit den Kindern geben.

In einem Gespräch erzählte seine Tochter ihm, dass einige ihrer Freundinnen und Freunde unter dem Streit und den Aggressionen ihrer Eltern so sehr leiden, dass sie eine Scheidung fast schon als Befreiung empfinden würden.

Seine Kinder signalisieren ihm bei seinen Gesprächsbemühungen meistens »Ist schon okay …« , was immer das auch heißen mag. Und wenn sie kein Interesse haben, ausführlicher darüber zu reden, dann muss man es ihnen auch nicht aufzwingen.

Über eine »Vorbildfunktion« im Bereich Beziehung macht sich Reiner trotzdem so seine Gedanken. Gerade weil er bereits zum zweiten Mal geschieden ist.

Reiners zweite Ehefrau kenne ich aus meiner Studienzeit in Wuppertal. Gemeinsam mit ihr war er von Wuppertal nach Erfurt gezogen. Auch hier verschwand die Liebe schleichend und beide versuchten, sie festzuhalten. Schwierigkeiten und Schmerzen waren zunehmend schwerer zu überwinden. Ein erneuter Kampf füreinander begann. Und wurde verloren. Die Gewissheit der Beziehungsniederlage ist aber nicht ohne Trost

KANN EINE BEZIEHUNG GESEGNET STERBEN?

Und an der Stelle beginnt eine weitere unglaubliche Geschichte. Reiner und Silke, seine zweite Frau, saßen in einem Requiem (eine Messe für Verstorbene, die oft kirchenmusikalische Kompositionen enthält) und hörten beide den Wortlaut »... die im Herrn sterben, haben Hoffnung«.

Beide waren wie elektrisiert, denn sie übertrugen diese Wortfetzen auf ihre gerade sterbende Beziehung. Und sie fragten sich fast zeitgleich und getrennt voneinander: Wenn Leben von Gott geschaffen ist und wenn Leben sterben kann, vom Herrn geführt oder bestimmt, können dann nicht auch Beziehungen im Herrn sterben, bevor die Menschen tot sind?

Diese Frage beschäftigte Reiner und Silke zeitgleich nach einem langen Weg, auf dem beide merkten, dass sie nach zwei Jahren nicht mehr wöchentlich zu einem Beratungsgespräch gehen konnten. Sie hatten das schon einmal hinter sich und glaubten irgendwann nicht mehr daran, dass sich etwas ändern würde.

Und so war dieser gemeinsame Requiemgedanke beinahe eine Erlösung. Für beide war gleichzeitig klar, dass es ein gesegnetes Ende ihrer Beziehung bedeutete!

Auch hier: Mit allen Schmerzen und aller Verzweiflung. Gerade weil es zum zweiten Mal schiefgegangen ist und von beiden anders gewünscht war. Reiner kann das »Warum« aus *seiner* Sicht erklären. Seine beiden Frauen hätten ebenfalls ihre Version zu erzählen. Deshalb ist es nicht gut, über Details zu reden, und das akzeptiere ich natürlich.

Mit der Erkenntnis des »gesegneten Todes der Beziehung« wird die Tragik einer gescheiterten Ehe nicht relativiert.

Reiner ist es aber wichtig zu verdeutlichen, dass mit der Erkenntnis des »gesegneten Todes der Beziehung« nicht die Tragik einer gescheiterten Ehe relativiert wird.

Nach dem Erscheinen seines Buches *Mit Scheitern leben lernen*[8] wurde er auf Leseveranstaltungen öfter gefragt, ob eine gescheiterte Ehe Sünde sei. Er hat mit »Natürlich!« geantwortet, dann aber noch einen drauf gesetzt, indem er sagte: »Die Frage ist nur, was die größere Sünde ist. Eine Beziehung zu beenden oder in einer nicht funktionierenden Beziehung zugrunde zu gehen. Ich halte es für einen Fehler, Sünde immer als vermeidbar zu definieren. Sünde ist alles das, was das Leben einschränkt, was klammert, was das Keimen erstickt, und dann muss ich sagen: In dieser unvollendeten Welt kann ich das nicht immer vermeiden. Ich kann mich manchmal nur zwischen zwei Wegen entscheiden, die beide sichtbar nicht die besten sind und bei denen ich eine menschliche Einschätzung brauche – Was ist der dem Leben dienlichere Weg? – *Für mich und für andere.*«

Wow!

Genau das ist in diesem »im Herrn sterben« aufgehoben, finde ich. Es kann etwas kaputtgehen, es können Scherben entstehen, Verletzungen und Schmerzen, und genau das ist in Gott aufgehoben und von Gott geliebt. Und zwar ohne dass es unbedingt gut ist, von uns Menschen gewollt ist, nur: Das andere wäre vielleicht noch schlechter gewesen.

Diese Betrachtung und die Art und Weise, wie Reiner und Silke ihre Beziehung beendet haben, setzt schon eine sehr ernsthafte Auseinandersetzung voraus mit dem »Was ist falsch gelaufen?« und »Wo habe ich einen Fehler gemacht?«.

ANDERE EHEKRISEN ZU BEWERTEN MACHT KEINEN SINN

Und diese Auseinandersetzung gibt es wahrscheinlich bei vielen Paaren, die sich trennen oder in einer Beziehungskrise sind. Das sieht Reiner genauso: »Die Fantasien, dass man leichtfertig auseinandergeht, sind nach meiner Beobachtung viel größer als die faktische Leichtfertigkeit. Ich kenne vielleicht ein oder zwei Paare, denen ich eine gewisse Leichtfertigkeit unterstelle, aber wenn man bei den allermeisten mal ein bisschen genauer nachfragt, merkt man, wie lange die Entscheidungsprozesse gedauert haben, wie viele Auseinandersetzungen da hineingeflossen sind, wie viel Selbstkritik, Ringen, Hoffnung und Verzweiflung bis zur Trennung. Ich würde sagen: Im Zweifelsfall unterstelle ich Gründlichkeit.«

Und da schließe ich mich an. Wobei ich mich auch schon dabei ertappt habe, wie ich, nachdem ich über drei Ecken mitbekommen habe, dass sich jemand getrennt hat, als Allererstes und ohne jegliches Hintergrundwissen gedacht habe (und ich schäme mich ein bisschen dafür): »Die hätten sich ruhig mal ein bisschen mehr Mühe geben können.«

Macht keinen Sinn, dieser Gedanke. Weder wenn es um die Ehe meines Nachbarn geht, noch wenn es sich um die fünfte Scheidung eines prominenten Fußballers handelt. Es macht nie Sinn, sich über andere Beziehungen das Maul zu zerreißen, wenn man nicht genügend Einblicke hat. Das ist sogar sehr kontraproduktiv. Denn einschätzen können das in der letzten Konsequenz nur die Beteiligten selbst. Mit allen Hilfestellungen, die man kriegen kann, natürlich.

Reiner hat keine Zweifel daran, dass die Trennungen richtig waren. Oder besser: Das sie das geringere Übel waren. Dafür ist er dankbar. Das liegt auch daran, dass er alles versucht hat und sich so keine Vorwürfe à la »Hätte ich dieses oder jenes doch noch probiert« aushalten muss. Punktueller Verlustschmerz oder Trauer über die kaputten Beziehungen holen ihn schon manchmal ein. Eben weil er in diesen existenziellen Dingen gescheitert ist. Und das auch so benennt.

SCHEIDUNGEN KANN MAN NICHT SCHÖNREDEN

Zwei Scheidungen sind nicht seine Vorstellung vom Leben gewesen. Er und seine beiden ehemaligen Frauen hätten gerne einen anderen Weg gefunden. Das ist nicht gelungen und deshalb ist er gescheitert. Das kann man auch nicht schönreden.

Mittlerweile hat Reiner eine neue Partnerin. Eine neue Liebe. Ein neuer Versuch?

Helfen die Erfahrungen der vergangenen Beziehungen in der neuen Partnerschaft? Da muss Reiner kurz grinsen und ihm rutscht ein »Schön wär's« raus.

Aber er fragt sich schon, ob beim dritten Mal das gelingen kann, was zweimal vorher nicht funktioniert hat. Er weiß auch nicht, ob er noch mal die Formel »solange wir leben und bis der Tod uns scheidet« sprechen kann. Den Satz haben Silke und er auch bei ihrer zweiten Hochzeit schon umformuliert. Er lautete: »In dem Wissen der Zerbrechlichkeit von Beziehungen versprechen wir …«

Damit wollten beide nicht die Verbindlichkeit relativieren. Sie sind einfach realistischer geworden.

Eine dritte Ehe? So weit sind Reiner und seine Partnerin noch nicht. Die Frage »Warum sollte es gelingen?« ist einfach da.

Auf der anderen Seite gibt es natürlich Dinge, die klarer geworden sind, die nun anders laufen. Beziehungsfallen werden vermieden und die neue Beziehung hat eine ganz andere Dynamik als die vorherigen.

Ich wünsche beiden, dass die Beziehung hält.

Und rede auf der Zielgeraden unseres Gesprächs noch einmal über den, der über alle Beziehungen seine Hand hält. Oder doch nicht?

Wie ist das eigentlich mit Gott oder mit dem Wort Gottes, dem sogenannten Wegweiser für unser Leben? Da gibt es ja genug Stellen über Beziehungen und die Ehe.

Zum Beispiel 1. Korinther 7, 10-11:

Den Verheirateten aber gebiete nicht ich, sondern der Herr,
dass die Frau sich nicht von ihrem Manne scheiden soll –
hat sie sich aber geschieden, soll sie ohne Ehe bleiben
oder sich mit ihrem Mann versöhnen – und dass der Mann
seine Frau nicht verstoßen soll.

ENTSCHEIDUNGEN KÖNNEN NICHT DURCH EINZELNE VERSE GERECHTFERTIGT WERDEN

Für Reiner geht es um den gesamten Duktus der Bibel. »Ich lese viel weniger Bewertungen in der Bibel, als ich sie auf manchen Kanzeln oder beim Gemeindekaffee höre«, sagt er. »Vielmehr wird das Leben mit allen Höhen und Tiefen erzählt und manchmal kritisch hinterfragt, aber nicht immer. Im Alten und im Neuen Testament geht es um eine klare Ausrichtung auf Gott. Es geht darum, dass ich erkenne, dass ich in vielen Lebensbereichen, egal ob innerhalb oder außerhalb der Ehe, von einem Ideal abweiche, aber die Welt ist auch nicht ideal. Das ganze Leben in seiner Brüchigkeit ist ein Gefäß für Gottes Liebe und Barmherzigkeit. So hat Jesus das beschrieben und so ist Jesus mit den Menschen umgegangen. In diesem Licht stehen auch so konkrete Anweisungen wie die genannte aus dem 1. Korintherbrief.«

Reiner geht es darum, den eigenen Weg in der Beziehung zu Gott zu gehen. Und dabei muss man selbst aktiv werden und Entscheidungen treffen. Nach bestem Wissen und Gewissen, auch im Gebet, aber manchmal eben auch ohne zu wissen, ob eine Entscheidung richtig oder falsch ist – oder in dem Wissen, dass es nur zwei falsche gibt.

»Diese Freiheit, im Vertrauen auf Gott Schritte zu gehen, das ist das Entscheidende. Und dabei notfalls auch Fehler zu machen. Das zieht sich für mich als roter Faden durch die vielen biblischen Geschichten.«

Entscheidungen kann man vorab nicht mit Bibelversen untermauern und hinterher auch nicht mit denselben rechtfertigen. Es geht vielmehr darum, dass man einen Weg wagt; in aller Freiheit und mit allem Risiko. So hat es der Theologe Dietrich Bonhoeffer formuliert.

Reiner ist sich sicher: »Diese Freiheit, im Vertrauen auf Gott Schritte zu gehen, das ist das Entscheidende. Und dabei notfalls auch

Fehler zu machen. Das zieht sich für mich als roter Faden durch die vielen biblischen Geschichten.«

Damit endet unser Gespräch. Etwas unvollendet. Offen. Aber genauso geht Reiner mit den Dingen des Lebens um. »Das wenigste im Leben ist alternativlos. Eine gute Auseinandersetzung und eine darauffolgende Entscheidung sind wichtig.«

Das habe ich schon im Unterricht bei ihm gelernt.

Das nehme ich mit aus Erfurt.

Und den starken Eindruck, dass es Menschen gibt, die Lebensbrüche nicht beschönigen, aber trotzdem voll und ganz auf die Liebe Gottes setzen.

EIN LEBEN ZWISCHEN ANSPRUCH UND ZUSPRUCH

DANIELS ZWISCHENSCHRITT

Bewährungsproben, Experimentieren,
Tränen und Triumphe erleben
Die Heldenreise hinterlässt Spuren.
Auch gedanklich. Bisherige Sichtweisen des Helden werden
auf den Kopf gestellt.
Dinge, die sonst so klar waren, werden hinterfragt
und mit anderen Augen gesehen.

Ich sitze in meinem Arbeitszimmer bzw. ich knie vor meinem Aktenschrank. Einen Tag nach meinem Besuch bei Reiner Knieling bin ich dabei, meine Akten zu sortieren. Das steht gar nicht auf meiner To-do-Liste des heutigen Tages, aber es ist mir trotzdem ein Bedürfnis.

Ich sortiere meine alten Studienunterlagen. Das habe ich noch nie gemacht. Aber während ich den Homiletik-Ordner und die Kirchengeschichtsmappe fein säuberlich nebeneinanderstelle, sortiere ich auch meine theologischen Gedanken gleich mit.

Das Gespräch mit Reiner beschäftigt mich weiterhin. Zum Beispiel die Aussage, dass eine erfahrungsfreie Theologie nicht funktioniert. Ich habe seinen Ansatz verstanden. Die Aussagen der Bibel und die Wesensmerkmale des christlichen Glaubens funktionieren nur, wenn ich sie in meinem persönlichen Leben und auf mein Leben anwenden kann.

Seine Geschichte bestätigt diesen Ansatz. Auch die Verweise auf die erfahrungsreiche Nähe Gottes leuchten mir ein. Aber ich möchte das vertiefen. Und ich würde mich freuen, wenn Sie mich dabei begleiten. Ich begebe mich auf Spurensuche.

Dort, wo Menschen über ihre Erfahrungen mit Gott berichten, wo Gott und Menschen zusammenkommen. In der Bibel.

Wie funktioniert erfahrungsvolle Theologie bei den biblischen Autoren? Ist Reiner damit in prominenter Gesellschaft? Und was springt für mich und meine Beziehungsfragen dabei heraus?

Nur weil die Evangelisten, Psalmschreiber und Chronisten eine Story in der Bibel veröffentlichen, heißt das ja noch lange nicht, dass die nicht auch nur irgendwelche theoretischen Floskeln und Phrasen von sich geben und die biblischen Protagonisten damit auf Distanz bleiben.

Und eine Distanz ist ganz schlecht, wenn es um Erfahrungen geht. Das wird unglaubwürdig.

Deshalb verlasse ich den unbequemen Platz vor dem Aktenschrank und begebe mich an den Schreibtisch. Ich überlege sogar kurz, eine Kerze anzuzünden und das Rollo runterzulassen, um eine richtige Entdeckeratmosphäre aufkommen zu lassen. Bei knapp 30 Grad Außentemperatur entscheide ich mich aber nur für die Verdunklungsvariante, gerade so, dass ich noch gut lesen kann. Die Kerze bleibt aus.

EIN GANZ NEUER BLICK IN DIE BIBEL

Ich bin aufgeregt, denn ich weiß wirklich nicht, was mich erwartet.

Ich errate Ihre Frage.

Und meine Antwort lautet: Doch, ich kenne die Bibel.

Die Buchstaben an sich haben sich auch nicht verändert, aber die Zwischenräume, also meine Gedanken und Sichtweisen schon.

Das ist das Besondere an der Bibellektüre. Bibellesen bleibt dynamisch. Ich schaue immer mit anderen Augen hinein. Nicht, um mir den Inhalt so zurechtzulegen, dass er zu meiner Situation passt, sondern immer mit der Offenheit, Neues zu lernen und zu entdecken. Unbequemes und Entspannendes. Neues und Altes, neu gelesen. Das verändert mein Denken. Und nur so bin ich bereit, das in meinen Alltag zu integrieren.

Zu den größten Irrtümern und Ängsten von uns Menschen gehört, dass wir denken, Gottes Wort stehe starr und habe sich seit der Festlegung des biblischen Kanons oder spätestens seit Martin Luthers Übersetzungen nicht mehr geändert. Daraus folge, dass wir uns doch bitte nach der Bibel zu richten hätten.

Das wirklich Zauberhafte an der Bibel ist nicht die Unfehlbarkeit des Wortes Gottes, sondern die Möglichkeit, in jeder Lebenssituation etwas Relevantes und Individuelles zu entdecken.

Falsch.

Die Bibel richtet sich nach uns.

Das wirklich Zauberhafte an der Bibel ist nicht die Unfehlbarkeit des Wortes Gottes, sondern die Möglichkeit, in jeder Lebenssituation etwas Relevantes und Individuelles zu entdecken.

Die Zwischenräume, also meine Gedanken und mein emotionaler und gesellschaftlicher Hintergrund, lassen es gar nicht zu, dass ich die Bibel immer gleich lese.

Und da habe ich schon den ersten biblischen Bezug zum Thema »erfahrungsreiche Theologie« gefunden, ohne dass ich die Bibel überhaupt aufgeschlagen habe.

Ohne meine Erfahrungen, meine Stimmungen und Prägungen miteinzubeziehen, kann ich überhaupt gar nicht agieren, geschweige denn Bibel lesen.

MEINE STIMMUNG PRÄGT DIE BIBELLEKTÜRE

Die Individualität, da ist sie wieder.

Für manche scheint sie im biblischen Zusammenhang fast wie ein Schimpfwort, weil sie mit übertriebenem Egoismus und einem falsch verstandenen Selbstbezug verwechselt wird.

Gottes selbst geschaffener und in uns Menschen angelegter Individualismus, der von uns gebraucht oder missbraucht werden kann, ermöglicht uns einen unterschiedlichen Zugang zu demselben Buch. Wenn ich traurig bin, lese ich die Worte von Psalm 23 »Der Herr ist mein Hirte« anders, als wenn ich fröhlich bin.

Wenn ich müde bin, … lese ich meistens gar nicht in der Bibel.

Wenn mir mein Partner oder meine Partnerin mal so richtig wehgetan hat, dann beiße ich mir bei der Passage »Liebe deinen Nächsten« doch eher auf die Lippen. Und diese unterschiedlichen Zugangsweisen werden durch das grundlegende Fundament der Bibel und Gottes Wesen zusammengehalten: Für das Leben! Gegen die Zerstörung!

Für Gerechtigkeit. Für die Liebe! Gegen die Armut. Gegen den Hass!

Jeder Eckpunkt der Bibel kann daran gemessen werden. Die Schöpfung, die Menschwerdung Gottes (Weihnachten), die Rettungstat Gottes (Ostern), …

Dass in der Bibel trotzdem so viel Zerstörung, Leid und unverständliches Handeln Gottes vorkommt, nehme ich sehr wohl zur Kenntnis, und es erfüllt mich ebenso mit Unverständnis wie viele andere Menschen auch.

Die biblischen Autoren haben auch das nicht verschwiegen, haben die nicht so schön zu harmonisierenden Passagen klar benannt, stellen Gottes Wort in der Bibel infrage. Zum Glück, denn das ist eher ein Beweis für Seriosität als ein Happy End an jeder Ecke.

Fragen bleiben trotzdem, aber die harmonisiere ich mir jetzt selbst, indem ich den Tipp von Reiner Knieling, immer eher den ganzen Kontext, also den großen Zusammenhang und nicht nur den einzelnen Vers im Blick zu haben, vergrößere und auf die gesamte Bibel und das Christentum an sich anwende. Und da steht für mich über allem die Liebe. Vielleicht bekomme ich im Laufe meiner Reise ja noch eine einleuchtende Begründung dafür.

Doch bevor ich mich noch weiter in Rage denke, will ich lieber anhand der biblischen Protagonisten weiterkommen. Außerdem ist mein Kaffee leer. Ich besorge mir schnell Nachschub. Und das sollten Sie auch tun.

Ich prüfe, ob die Begegnung von Theologie, also der Lehre von Gott, vor der menschlichen Erfahrung bestehen kann.

DIE HELDENREISE DER GEBURT JESU

Und ich tue dies anhand der bekanntesten Geschichte der Bibel:

Die Geburt Jesu. Was für eine Heldenreise!

Hier wird am besten deutlich, dass menschliche Erfahrungen und göttliche Lehren untrennbar miteinander verbunden sind. Gott wird Mensch.

Noch mal anders ausgedrückt: Gott entscheidet sich bewusst für eine menschliche Biografie, damit wir besser in Kontakt mit ihm kommen können.

Außerdem enthält diese Geschichte eine der abgefahrensten Beziehungsgeschichten weltweit. Ich lese die Weihnachtsgeschichte. Mitten im Sommer. Sollte ich doch eine Kerze anzünden?

Am Anfang stand die Liebe von Maria und Josef zueinander. Das hoffe ich zumindest. Bei den damaligen Verhältnissen war das gar nicht so selbstverständlich. Zwangsheirat und Vernunftehen waren eher an der Tagesordnung. Auch hier wird wieder deutlich: Es geht in der Bibel eher um das Kollektiv. Umso beachtenswerter ist die Tatsache, dass Gott sich *eine* Person aussucht. Maria. Eine Frau. Eine junge Frau. Sein Weltrettungsplan beginnt mit einer Frau. Mit einer vergebenen Frau. Was es nicht unbedingt einfacher macht.

Über die Liebe der Eltern Jesu steht auch nicht viel in der Bibel. Nur um die Ecke gedacht kann das hineininterpretiert werden. An einer komischen Stelle. Josef wollte gerade abhauen. Denn er konnte mit der Info von Maria, dass sie sich entschieden hat, den Sohn Gottes auszutragen, nicht leben. Der Evangelist Matthäus beschreibt Josef als einen gerechten Mann, der Maria »nicht bloßstellen« und sich deshalb heimlich aus dem Staub machen wollte.

Aha, die beiden waren noch nicht einmal verheiratet, da denkt Josef schon ans Abhauen. Aber ich verstehe ihn sehr gut. Wenn mir meine Frau in der Verlobungsphase die Geschichte einer Schwangerschaft ohne Sex präsentiert hätte, dann hätte bei mir auch der Fluchtimpuls eingesetzt.

Ich merke, wie Theologie auf Biografie trifft.

Denn dieser geplante Schachzug Gottes hat das Leben von einem Paar sehr, sagen wir mal, auf die Probe gestellt. Josef entscheidet sich gegen die Flucht und steht zu seiner Frau. Hier muss aber noch erwähnt werden, dass ihn ein Engel davon überzeugen musste, die Flinte nicht ins Korn zu werfen und doch bei seiner Verlobten zu bleiben.

Nur um deutlich zu machen, wie sehr ein Bibeltext meine Gedanken befruchtet, indem ich Querverbindungen ziehe und die unerwähnten Zwischenräume des Bibeltextes selbst fülle, seien an dieser Stelle nur zwei Gedankensplitter erwähnt:

Nebengedanke 1: Maria

Wie hat sie sich gefühlt, als sie über die Jungfrauengeburt informiert wurde? Wie ist sie mit der Bürde, Gottes Sohn auf die Welt zu bringen, klargekommen? Hat sie Josef mit anderen Augen gesehen? Und warum hat der Engel nur ihr diese Botschaft überbracht und nicht beiden gleichzeitig?

Nebengedanke 2: Der Engel

War der Traum ein beziehungstherapeutisches Gespräch? Der Engel hat Josef die Angst genommen und ihm die Gründe für diese Elternschaft aufgezeigt: Sein Sohn wird die Welt retten! Aber wie sehr hat Josef das später noch beschäftigt?

JESUS WAR FÜR MARIA UND JOSEF EINE BEZIEHUNGSBELASTUNGSPROBE

Ich bleibe aber bei der unfassbaren Belastung dieser jungen Beziehung. Die Schnittstelle des christlichen Glaubens hängt an einem jungen Paar. Und es gab immer wieder Punkte, an denen es hätte schiefgehen können. Der mühsame Weg zur Volkszählung, die Quartiersuche, nach der Geburt Jesu die Flucht nach Ägypten. Vielleicht liegt es daran, dass ich ein Mann bin, aber der Josef, so wie er in der Bibel beschrieben wird, ist ein Vorbild in Sachen Selbstdisziplin und Rücksichtnahme.

Nachdem Jesus geboren wurde, arbeitete Josef wieder als Zimmermann und durfte mit Maria auch selbst Kinder zeugen. Jesus lebte ganz normal bei ihnen. Die beiden haben versucht, ihn normal zu erziehen. Das klappte nur bedingt, wie man in Lukas 2 nachlesen kann. Der zwölfjährige Jesus seilt sich während eines Tempelbesuches ab, diskutiert mit anderen Theologen und unterrichtet diese sogar. Seine Eltern suchen ihn panisch, finden ihn schließlich und erheben den pädagogischen Zeigefinger, indem sie die jahrtausendealte elterliche Angst zum Ausdruck bringen, die sich in der Formulierung immer mal wieder verändert, inhaltlich aber gleich bleibt: »Wo warst du? Mama und Papa haben sich große Sorgen gemacht!«

Jesus hebelt mit seiner Antwort jedes erzieherische Konzept aus, indem er rhetorisch begabt mit einer Gegenfrage antwortet, die den Eltern einen Schlag in die Magengrube versetzt: »Warum? Wusstet ihr nicht, dass ich da sein muss, wo mein Vater ist?«

Was soll man darauf sagen?

Ich hätte ein paar Ideen:

»Toll! Ich hätte doch nicht auf den Engel hören sollen. Als Vater werde ich ja gar nicht gebraucht.« (Josef)

»Wie sollen wir diesem Jungen Eltern sein, wenn er sowieso viel mehr weiß als wir?« (Maria)

Der Faktor »Jesus« war für die Beziehung von Maria und Josef Belastung und Segen zugleich. Aber sie haben es durchgezogen. Gemeinsam. Ihre Beziehung war untrennbar mit der Beziehung zu Gott verbunden.

Was für eine Bürde. Was für ein Segen. Was für ein Anspruch. Was für ein Zuspruch.

Was für eine Beziehungsgeschichte. Ein Nebenstrang der Heldenreise von Jesus, die Liebesbeziehung von Maria und Josef, seinen Eltern, stellt Theologie und Biografie in einen Zusammenhang.

Und zieht sich durch.

Ich klappe die Bibel zu, lehne mich in meinem Schreibtischstuhl zurück und denke weiter. In meiner Lebenswirklichkeit.

Die Weihnachtsgeschichte steht für Demut. Das Leben von Jesus war keine wirkliche Erfolgsstory. Sein Wirkungskreis war eher beschränkt. Der Bekanntheitsgrad wuchs erst im Nachhinein. Im Stall geboren, am Kreuz gestorben. Eine viel schlimmere Lebensklammer kann es nicht geben. Rein menschlich gesehen.

Der göttliche Aspekt mit Auferstehung und Rettung der Menschheit stellt das alles in den Schatten, aber irgendwie haftet der christlichen Religion immer so ein Loser-Image an. Zumindest denen, die daran glauben.

Wie sagte Reiner? »Gott ist nicht nur da präsent, wenn etwas gelingt?« Das stimmt. Der christliche Glaube fußt ja auch auf einem Defizit der Menschen. Wir sind verloren! Wir sind Sünder! Wir sind erlösungsbedürftig! Und meistens dann, wenn es uns Menschen richtig schlecht geht, fangen wir an, über Gott nachzudenken. Zu beten und auf ihn zu hören.

HABEN ADAM UND EVA MEIN LEBEN VERSAUT?

Dann kommt wieder »die gefallene Welt« ins Spiel, die mir bisher auch noch niemand einleuchtend erklären konnte.

Ja, Adam und Eva haben falsch gehandelt (siehe Kapitel 3) und damit sind wir Menschen aus dem Paradies geflogen. Wir sind Sünder!

Ich bin genervt, stehe vom Schreibtisch auf, gehe zum Fenster, ziehe das Rollo hoch und blinzle in die Mittagssonne. Ist es blasphemisch, »Haben Adam und Eva mein Leben versaut?« zu denken?

Auch Reiner hat in unserem Gespräch von der »unvollendeten Welt« gesprochen. Ist das nicht bitter? Kein Wunder, dass Kirche und Glauben immer noch als Haltegriff für Alte, Schwache und Kranke angesehen werden. Liegt es nicht an der Entstehungsgeschichte des Christentums selbst?

Diese Gedanken ziehen mich runter. Denn ich habe keine Antwort darauf. Ich verlasse mein Büro und gehe in den Garten.

Ich höre Vogelstimmen. Baulärm von ferne. Ich blicke mich um. Rieche frisch gemähtes Gras. Ich atme tief ein und aus. Ich spüre einen unerklärlichen Frieden. Ich murmele »Danke, Gott!«.

Ist es blasphemisch, »Haben Adam und Eva mein Leben versaut?« zu denken?

Kein Theologe, kein theologisches Buch konnte mir die »gefallene Schöpfung« bisher plausibel erklären. Niemand konnte mir bisher eine für mich tragende und authentische Antwort auf die Theodizee-Frage (Warum lässt Gott das Leid zu?) geben. Oft versuche ich, mir die Dinge schönzureden oder eine Erklärung zu finden. Es funktioniert nicht.

Aber ein Moment der bewusst gewählten Stille stillt meinen Gedankenwirbelsturm. Erklären kann ich auch das nicht. Ich habe diesen Zeitpunkt noch nicht einmal bewusst gesucht. Er kam einfach so. Genau zum richtigen Augenblick. Wenn ich die positiven Geheimnisse des Glaubens nicht erklären kann, dann gilt das auch für die bedrückenden Mysterien. In der Spannung lebe ich. Aber ich entscheide mich dafür zu vertrauen. Nicht blauäugig und nicht einfach so. Diese Entscheidung, Gott immer und immer wieder zu vertrauen, kostet mich etwas. Besonders dann, wenn es um so grundsätzliche und elementare Glaubenspunkte geht.

Wie gut, dass Gott meine Entscheidungen, ihm zu vertrauen oder nicht zu vertrauen, nicht in Abhängigkeit von seiner Liebe zu mir sieht. Glaubenszweifel oder kritische Gedanken sind völlig unabhängig von Gottes Meinung über uns. Seine Liebe zu uns steht fest und hängt nicht von unserem Glauben ab. Das wäre fatal. Es geht dabei um mich. Die Gemeinschaft mit Gott, dass Vertrauen auf ihn und die Begegnungen sind für mich wichtig.

Gottes Liebe zu uns ist so viel größer als unsere Zweifel.

Ich setzte mich wieder an meinen Schreibtisch.

Das bedürfnisorientierte Christentum liegt nicht mehr ganz so schwer auf meinen Schultern. Denn ich kann auch etwas dagegen tun.

Denn wenn er immer an und auf meiner Seite ist, mich immer liebt und offen für mich ist, wenn er jeden Atemzug begleitet, dann kann ich mich auch mit ihm beschäftigen, wenn es mir gut geht. Dann geht Vertrauen ja viel leichter. Es steht mir frei, den Tag mit Gott zu gestalten, ihn in der Schöpfung oder meinen Mitmenschen zu entdecken. Der Glaube an Gott ist keine bedürfnisorientierte Beziehung, sondern eine allumfassende. Die Kommunikation mit Gott macht in jeder Lebenslage Sinn. Weil sie uns guttut.

Ob man das auch auf die zwischenmenschlichen Beziehungen untereinander übertragen kann?

Ist es nicht so, dass die gemeinsame Kommunikation erst dann besonders bemüht wird, wenn es mal nicht so läuft? Wenn Probleme da sind und diese immer mächtiger werden. Werden die Therapeuten nicht erst dann eingeschaltet, wenn es schon fast nichts mehr zu therapieren gibt?

IST EIN PAARBERATUNGSGUTSCHEIN DOCH EIN PASSENDES HOCHZEITSGESCHENK?

Diese Frage werde ich meinen nächsten Gesprächspartnern mal stellen.

Ich erahne die Antwort. Denn eine gut gepflegte und offene Kommunikation ist eine gute Präventionsmaßnahme und kann nicht nur Missverständnissen vorbeugen, sondern zum gegenseitigen Wohlbefinden beitragen.

Vielleicht ist dann ein Gutschein zur Paarberatung doch eine gute Idee für das nächste Hochzeitspaar?

Meine Gedankenreise der erfahrungsreichen Theologie überrascht mich an dieser Stelle. Ich bin beim Bibellesen an sich gestartet und über Maria und Josef und die ungeklärten Mysterien des Glaubens bei der Kommunikation in Beziehungen gelandet.

Und mir fallen noch mehrere Parallelen ein:

Das gesamte Volk Israel ist Spezialist in bedürfnisorientierter Kommunikation mit Gott gewesen. Immer dann, wenn es nicht genug zu essen gab oder die Feinde sehr nah waren, ist ihnen Gott wieder eingefallen. Sie haben gefleht, gebetet und das gottesfürchtigste Leben überhaupt geführt. Und sobald es wieder ruhig war, verloren sie Gott aus dem Blick. Wenn ich an die Geschichte des Volkes Israel denke, fühle ich mich ertappt. Denn genauso agiere ich auch oft.

Aber hier beruhigt mich Gottes Entscheidung erneut: Er hat sich auf das Volk Israel festgelegt und es ist und bleibt sein auserwähltes Volk. Und wir sind und bleiben seine geliebten Geschöpfe.

Im Umkehrschluss heißt es aber nicht, dass eine fast fehlerlose gegenseitige Kommunikation vor Beziehungskrisen schützt. Im Buch Hiob wird das deutlich: Der Mann war gottesfürchtiger als der Rest der Welt. Und trotzdem wurde ihm übel mitgespielt. Er verlor Haus, Hof, Familie und Gesundheit.

Nur weil eine Ehe unter Gottes Segen steht und/oder sich beide Menschen hervorragend um eine gelingende Partnerschaft bemühen, muss kein 50-jähriges Schlaraffenland folgen. Denn wir machen Fehler, werden verletzt und verletzen andere. Egal, wie sehr wir uns anstrengen.

Es ist eine gewagte Interpretation, aber – könnte es sein, dass damit einfach nur der »Tun und Ergehen«-Zusammenhang von Gott ad absurdum geführt werden sollte? Dient diese Geschichte dazu, dass Gott uns Menschen sehr plakativ darauf hinweisen möchte, dass gute Taten und vorbildliche Lebensweisen nicht sofort mit einem bequemen und erfolgreichen Leben gleichzusetzen sind?

Denn das gilt garantiert für Beziehungen: Nur weil eine Ehe unter Gottes Segen steht und/oder sich beide Menschen hervorragend um eine gelingende Partnerschaft bemühen, muss kein 50-jähriges Schlaraffenland folgen. Denn wir machen Fehler, werden verletzt und verletzen andere. Egal, wie sehr wir uns anstrengen.

Warum?

Weil wir Menschen sind. Unbefriedigende Antwort Teil 1.

Weil wir in einer unvollendeten Welt leben. Unbefriedigende Antwort Teil 2.

Weil wir selbst für unser Handeln verantwortlich sind, obwohl Gott uns geschaffen hat. Unbefriedigende Antwort Teil 3.

Und immer wenn mich diese Antworten runterziehen wollen und sich ein Gefühl der Resignation in mir breitmacht, setze ich die einzige und wirksamste Gegenargumentation ein, die mir zur Verfügung steht:

Aufstehen! In die Sonne gehen! Gras riechen! Einatmen! Ausatmen! Oder übersetzt: Die Liebe Gottes übertrifft diese unbefriedigenden Antworten um ein Vielfaches.

Wie sagte Reiner so treffend: »Gott ist nicht nur da präsent, wo etwas gelingt.« Das stimmt.

Er ist vor allem da präsent, wo wir gedanklich an unsere Grenzen stoßen. Nicht indem er uns in seine Geheimnisse einweiht. Sondern indem er uns weiterliebt.

SILKE BOLDUAN – EINE EHE ODER DER VERSUCH, VERHEIRATET ZU SEIN?

Meist beginnt ein Monolog über das eigene Selbst mit einem »Du bist«.
Oliver Buss[9]

Ich wähle. Das Freizeichen ertönt. Dann eine Frauenstimme: »Bolduan?« Ich bin kurz irritiert.

»Guten Tag, Schneider hier. Ich hätte gerne Frau Tiemann gesprochen.«

»Ja, das bin ich. Ich habe meinen ursprünglichen Namen wieder angenommen.«

Ich tippe mir an die Stirn. Stimmt ja!!!

»Oh, ach so. Ja, sie hatten in der Mail ja so etwas angedeutet. Ich melde mich, um einen Gesprächstermin für mein Buch auszumachen ...«

Silke Bolduan führt eine Praxis für Einzel-, Paar- und Familienberatung und arbeitet mit einer halben Stelle in einem Familienhilfezentrum. Die zweifache Mutter ist frisch geschieden. Das wusste ich aber nicht, als ich sie für dieses Buch anfragte. Sie war ein »Therapeutinnentipp«, dem ich nachging. Als wir erste schriftliche Absprachen trafen und ich ihr kurz erklärte, um welches Thema es bei dem Buch geht, schrieb sie mir zurück, dass sie »... dazu sowohl aus fachlicher als auch aus persönlicher Erfahrung sprechen kann.«

Und so setze ich mich ins Auto, fahre in ein kleines ostwestfälisches Dörfchen und klingle an der Wohnungstür, an der »Bolduan«

auf dem Klingelschild steht. Mir wird geöffnet und ich werde in die Praxis gebeten.

Ein hübsch eingerichteter Raum mit einer Gesprächsecke. »Wählen sie sich einen Platz aus«, fordert mich Silke Bolduan auf. Ich nehme den, der in Richtung Tür zeigt. War das die richtige Wahl? In Therapiepraxen bin ich immer unsicher, weil ich das Gefühl habe, dass jede Regung genau registriert und auseinandergenommen wird. In diesem Fall bin ich aber sehr schnell wieder beruhigt. Meine Gesprächspartnerin macht einen sehr sympathischen Eindruck.

Kurzer Small Talk und dann leuchtet wieder das rote Lämpchen meines Aufnahmegerätes und wir sprechen über Fachliches und Privates.

Silke Bolduan ist gelernte Rechtsanwalts- und Notariatsgehilfin. Durch die autistische Behinderung ihres Sohnes bekam sie mit, wie hilfreich therapeutische und sozialpädagogische Arbeit für Menschen sein kann, und beschäftigte sich näher mit diesen Berufsfeldern.

Mit Mitte 40 studierte sie Sozialpädagogik und machte später eine Weiterbildung zur systemischen Beraterin. Seit 2013 arbeitet sie als systemische Familienberaterin und außerdem noch mit einer halben Stelle in einem Familienhilfezentrum.

Ihr Praxisalltag ist reden, zuhören, ermutigen und unterstützen. Es geht um Klärung, Entwirrung der Situation und darum, gemeinsam neue Sichtweisen und Lösungsmöglichkeiten zu entdecken.

Kein leichter Job, denn der Erfolg der Beratung hängt ganz eng mit dem Zeitpunkt zusammen, wann die Paare ihre Praxis aufsuchen und mit welch einer Erwartungshaltung sie dann auf den Stühlen Platz nehmen. Doch in einem kann sich Silke Bolduan bei den Gesprächen sicher sein: Sie wird gemeinsam mit ihren Klienten in deren Vergangenheit eintauchen, um die Ursachen zu fassen zu bekommen.

BERATUNG HEISST: IN DIE VERGANGENHEIT EINTAUCHEN

So individuell die Konflikte der Paare auch sind, die zu ihr kommen, so eindeutig ist oft die Ursache der Konflikte. Es geht um erlernte Muster aus der Herkunftsfamilie: Wie wurde mit Konflikten umgegangen? Wurden sie angesprochen oder unter den Teppich gekehrt?

In den ersten sechs Lebensjahren werden bereits drei Beziehungsverhältnisse fest in unsere Seele getackert:

Wie nehme ich das Beziehungsverhältnis der Eltern untereinander wahr?

Wie ist das eigene Verhältnis zum Vater?

Zur Mutter?

Diese Verhältnisse sind sehr vielfältig, und zwar in positiver und/oder negativer Ausprägung: liebevoll, offen, ermutigend, unterstützend oder kalt abweisend, kritisch, ausgrenzend, …

Aus diesen Informationen bildet sich eine Struktur, die unsere Seele fest speichert. Als die »frühkindlichen Beziehungen zu den wesentlichen Bindungspersonen«.[10]

»Und diese Struktur kommt immer wieder hoch«, sagt Silke Bolduan. »Nicht nur, aber in besonderer Weise bei der Partnerwahl und dann in der Beziehung selbst. Man springt auf bestimmte Muster und auf bestimmte Typen an, die man kennt. Das trägt maßgeblich dazu bei, dass eine Beziehung gelingt oder nicht. Gerade wenn ungeklärte Konflikte mitschwingen. Oft suchen sich Menschen genau den gleichen Typ Mensch als Partner oder Partnerin, mit dem sie seit der Kindheit ständig Probleme haben.«

Oft suchen sich Menschen genau den gleichen Typ Mensch als Partner oder Partnerin, mit dem sie seit der Kindheit ständig Probleme haben.

Diese These finde ich interessant. Denn sie ist so unlogisch und doch empfinde ich sie als wahrhaftig.

Aber warum ist das so? Warum binden wir Menschen uns oft denselben »Klotz« ans Bein, den wir schon so lange mit uns herumschleppen? Warum lernen wir nicht aus den Erfahrungen und suchen uns genau das Gegenteil? By the way: Das gibt's natürlich auch! Aber in vielen Fällen wird eben das Schema »bekannte Strukturen« gewählt.

»DURCH UNTERBEWUSSTE PROZESSE WERDEN PARTNER GEWÄHLT, DIE MIR PROBLEME MACHEN KÖNNEN.«

»In der Fachsprache heißt das neurotische Konfliktverarbeitung«, sagt Silke Bolduan und übersetzt es sogleich. »Wenn wir mit einem Typ Mensch ein Problem haben und das nicht lösen können, dann wird dieser Typ unbewusst wiedergewählt. Es laufen unterbewusste Prozesse ab, die meinem Gehirn melden: ›Ich muss dieses Problem lösen, ich muss dieses Problem lösen.‹ Und wenn es nicht mit dem Papa geklappt hat, dann aber bestimmt mit dem Partner. Wir wollen das hinbekommen. Und dann wundern wir uns, dass man das gleiche Problem hat und es wieder nicht gelöst bekommt.«

Diese Muster wiederholen sich, können ein Leben lang mitlaufen, ohne dass einem selbst, geschweige denn dem Partner, ein Licht aufgeht. Zumeist ist es ein komisches Gefühl, eine Ahnung, die einen fragen lässt: »Warum laufen wir bei diesem Thema immer wieder gegen die Wand?«

Und es gibt Lösungswege. Im Gespräch können Silke Bolduan und ihre Klienten zu fassen bekommen, was abläuft. Es kann verstanden und dann bearbeitet werden. In dieser Reihenfolge. Denn bevor nicht klar ist, warum sich mein Partner oder ich mich in bestimmten Situationen so oder so verhalten, besteht wenig Aussicht auf Veränderung. Und natürlich bestimmt auch der Zeitpunkt der Erkenntnis die Erfolgsaussichten. Sobald ein Konflikt nicht greifbar, aber immer präsent ist, über der Beziehung schwebt und nicht gelöst werden kann, sollte man Hilfe in Anspruch nehmen. Egal ob offen angesprochen oder unterschwellig, egal ob nur bei einer Person oder bei beiden.

»Eine Frau kam direkt am Anfang ihrer Ehe mit einem bestimmten Problem zu mir«, erinnert sich Silke Bolduan. »Sie sagte: ›Wir rennen uns da immer wieder fest und möchten nicht, dass das so bleibt.‹ Bereitschaft zur Veränderung ist die beste Grundlage für Erfolgsaussichten.«

Dabei ist der spezielle Grund zweitrangig, denn die Ursache liegt, wie oben beschrieben, meistens in der eigenen Geschichte der Beziehungsprotagonisten verborgen.

Also ist es vor allem die Auseinandersetzung mit der eigenen Vergangenheit, die die Zukunft bestimmt. Als Paar, aber auch als Einzelperson. Denn, und diese Erkenntnis kommt für mich überraschend, obwohl sie eigentlich auf der Hand liegt: Die Art und Weise, wie ich mich selbst wahrnehme, wie ich selbst bin und mich verhalte, hat einen großen Einfluss auf meinen Anteil an einer Beziehung. Und das sind ja nicht selten mindestens 50 Prozent.

Das war mir nicht bewusst und wahrscheinlich geht das nicht nur mir so. Deshalb machen Gespräche über sich selbst Sinn. Alleine und mit dem Partner. Früh und nicht erst dann, wenn es schon fast zu spät ist.

Und wenn es zu spät ist?

AUCH EINE ENT-TÄUSCHUNG KANN HEILSAM SEIN

Dann hofft und erwartet jeder immer etwas von dem anderen. Und sitzt beleidigt in seiner Ecke, mit verschränkten Armen und einer »Wenn es ihm oder ihr so wichtig ist, dann soll er sich mal bewegen«-Haltung.

Ein großer Trennungsgrund ist die gegenseitige Überforderung. Viele Paare erwarten einfach zu viel voneinander. Sie versprechen sich von ihrem Gegenüber das ganze Glück dieser Erde und werden enttäuscht. Diese Ent-Täuschung an sich ist schmerzhaft, kann aber auch heilsam sein. Das besondere Augenmerk sollte dem Umgang mit dieser Erkenntnis gelten.

Die eigene Erwartungshaltung muss überdacht werden. Wie gehen wir mit dieser Feststellung um?

Auch hier empfiehlt Silke Bolduan die Flucht nach vorne, das offene Gespräch. Rückzug ist eher kontraproduktiv, denn dann ziehen die Gedanken Kreise, man nimmt den anderen nur noch subjektiv war.

Ein Ehepaar, das in Silke Bolduans Praxis war, hat genau dieses erlebt:

Sie erlebte ein großes Mangelgefühl in ihrer Beziehung, wünschte sich – durchaus berechtigt – mehr Nähe von ihrem Partner, hatte aber überhaupt nicht mitbekommen, dass dieser sich in einer handfesten Krise befand. Er war beruflich und gesundheitlich völlig ausgebrannt.

Beide wussten zwar davon, haben einander in ihrer Not aber nicht wahrgenommen und sich so Schritt für Schritt voneinander wegbewegt.

»Es geht darum, in Beziehungen zu investieren«, rät Silke Bolduan. »Gemeinsames Reden ist so wichtig. Zuhören. Und wenn das nicht vorkommt, dann sollte man gemeinsam Zeiten verabreden, an kleinen Stellen in Kontakt kommen und sich gegenseitig Brücken bauen. Eine Beziehung bedeutet Hingabe, sie ist nicht einseitig, sondern bedingt sich gegenseitig. Und darin liegt die Erfüllung.«

Den Satz notiere ich mir sofort. Beziehung ... ist ... Hingabe. Und während ich so schreibe, fällt mir auf, dass wir in unserem Gespräch gerade immer wieder bei der Prävention, bei der Vorsorge landen, damit eine Ehe oder eine Beziehung nicht scheitern muss.

Eine Beziehung bedeutet Hingabe, sie ist nicht einseitig, sondern bedingt sich gegenseitig. Und darin liegt die Erfüllung.

BEZIEHUNG IST HINGABE

Sollte ich als Verantwortlicher für die Inhalte des Buches den Fokus nicht eher auf das »Wie gehe ich damit um, wenn es zu spät ist?« legen.

Ich bin mir unsicher, denn schon länger macht sich der Gedanke in mir breit, dass ich diese strikte Trennung zwischen Beziehung und Scheidung nicht mehr aufrechterhalten kann. Meine bisherigen Gespräche und Schlussfolgerungen lassen da viel Spielraum, wann und wie eine Trennung beginnt und vollzogen wird.

Sicher bin ich mir nur in einem: Krisen, Trennungen und Scheidungen beruhen zu einem ganz hohen Anteil und immer vorausgesetzt, beide Menschen meinen es ernst miteinander, auf Missverständnissen. Große, kleine, immer größer werdende, lange schwelende, plötzlich aufpoppende und tief verwurzelte.

Und über diese Missverständnisse möchte ich reden. Egal, ob es schon zu spät ist oder noch Hoffnung besteht.

Silke Bolduan benennt auch direkt ein Missverständnis, welches leider häufig bei sehr gläubigen Menschen vorkommt. Es passt zu der von ihr angesprochenen Hingabe, ist aber eine falsch verstandene Hingabe:

»Besonders Christen denken oft, dass in Sachen Beziehung alles vom Himmel fällt, wenn sie nur genug dafür beten. Das ist ein großer Irrtum. Auch die Verteufelung der Psychologie in manchen Kreisen finde ich bedenklich. In meinen Augen hat Gott uns Menschen die Weisheit geschenkt, Dinge zu erforschen. Und gerade im Bereich der Psychologie gibt es so viel Hilfreiches für Paare. Da ist es geradezu töricht, keine Hilfe in Anspruch zu nehmen. Die Psychologie erforscht, wie wir Menschen ticken. Egal ob fromm oder nicht. Das kann man sich zunutze machen. Aber sie kann eben nicht verändern, sondern erst mal nur klären. Zur Veränderung muss ich als Mensch selbst aktiv werden. Ich habe eine Eigenverantwortung. Und dabei wiederum hilft mir Gottes Kraft und Wirken. Ich brauche seine Gnade und die Erneuerung meines Denkens, welches dann zur Erneuerung des Erlebens und Verhaltens führt.«

Ich finde diese Kombination übrigens ziemlich logisch. Denn dort, wo die Psychologie oder die Wissenschaft an ihre Grenzen kommen, wo Erklärungen ausbleiben oder eine Situationsverbesserung nicht mehr möglich ist – da kommt das Übernatürliche bei uns Menschen wieder ins Spiel. In existenziellen Nöten besonders.

PSYCHOLOGIEBÜCHER UND DIE BIBEL PASSEN GUT ZUSAMMEN

Und da legt sich Silke Bolduan auf den Gott der Bibel als übernatürlichen Ansprechpartner fest. Alles andere hat bei ihr keinen Platz. Und diese Herangehensweise verträgt sich auch mit der Psychologie. Glaube und Psychologie bedingen sich sogar.

»Das ist gar kein so ungewöhnlicher Prozess. Die Veränderung des Handelns durch Gefühle und Denkprozesse unter Anleitung sind völlig normal und gehören zum Alltag. Also finde ich sie auch in der Bibel«, fällt Silke Bolduan schon im Studium auf. »Menschen verändern sich, weil sie über etwas nachdenken. Die Geschichte vom Kämmerer aus Äthiopien in der Apostelgeschichte ist so ein Beispiel.«

Ich stutze kurz. Die Geschichte ist mir in dem Setting noch nicht untergekommen. Ich rekapituliere kurz: Da sitzt der Finanzminister der Königin über der Schriftrolle des Propheten Jesaja. Er denkt darüber nach. Stimmt. Mehr noch: Er fühlt, dass an diesen Worten etwas dran sein muss, was für sein persönliches Leben relevant sein kann. Ansonsten hätte er sich wahrscheinlich nicht so lange durch die schon sehr schwer zu verstehenden Sätze gequält. Aber ihm fehlt der Zugang.

Dann steht ein gewisser Herr Philippus am Wegesrand. Gott persönlich hat ihn dort hinbestellt. Er weiß erst gar nicht, warum. Aber er ist ein guter Seelsorger und spürt, dass der Minister gedanklich schwimmt. Also erklärt Philippus ihm die Zusammenhänge. Mit all seiner Erfahrung und all seinem Vertrauen auf Gott.

Aber die beiden Menschen zeigen, dass Denken, Fühlen, und ich ergänze: Verstehen!, mit dem Handeln zusammenhängen. Und das Handeln gipfelt in der Taufe des Ministers. Wobei das für mich gar nicht das Entscheidende ist. Selbst wenn der gesagt hätte: »Danke, das hat mir geholfen! Jetzt muss ich mir das Ganze erst noch einmal durch den Kopf gehen lassen«, hätte Philippus seinen Job wunderbar erfüllt.

Hier muss ich an den Satz denken, den ich auf Silke Bolduans Homepage entdeckt habe. Dort steht:

»Sie zeigen viel Mut, wenn Sie sich aufmachen,
Ihre persönlichen, seelischen Konflikte oder auch Schwierigkeiten

in der Partnerschaft, Ehe oder Familie zu klären,
und sich ehrlich diesen Themen stellen. Ich unterstütze Sie
gern in Zeiten von Krisen und Neuorientierung,
um gemeinsam mit Ihnen neue Wege zu entdecken.«

Auch wenn der historische Herr Finanzminister keine Eheprobleme hatte, zumindest lesen wir nichts davon, und Philippus wohl keine Ausbildung in systemischer Beratung genossen hat, die Parallelen fallen auf: Manchen Geheimnissen kann man nur mit externer Hilfe auf die Spur kommen.

Das ist eine verantwortungsvolle Tätigkeit. Allein schon, weil Gott uns als eigenverantwortliche Wesen erschaffen hat. Man kann sich also nicht so einfach hinter irgendwelchen Bibelversen verstecken oder sie als Grund vorschieben (siehe Gespräch mit Reiner Knieling). Und doch spürt Silke Bolduan, dass Gott ihr und ihren Klienten in den Beratungen hilft.

GOTT HAT UNS ALS EIGENVERANTWORTLICHE WESEN ERSCHAFFEN

Denn in diese Eigenverantwortung kommt eben das Übernatürliche, die Kernbotschaft der christlichen Religion: Vergebung, Gnade und Veränderung. Das widerspricht sich tatsächlich nicht.

Das sind immer wiederkehrende Themen, die mich auch bei Silke Bolduan persönlich interessieren. Sie ist zweimal geschieden. Einmal, als die Kinder klein waren, und die zweite Scheidung ist erst wenige Zeit her.

Wie geht sie als Geschiedene denn mit den Themen Vergebung, Veränderung und Co. um?

»Ich wollte mit meinen Ehen nicht scheitern«, sagt sie darauf. »Deshalb habe ich vieles ertragen.«

Was für ein Statement: Ertragen, um nicht zu scheitern. Um die eigene Ehe zu retten. Aber irgendwann geht es dann nicht mehr. Andere hätten wahrscheinlich schon viel eher gesagt: Das war es jetzt!

> In diese Eigenverantwortung kommt eben das Übernatürliche, die Kernbotschaft der christlichen Religion: Vergebung, Gnade und Veränderung. Das widerspricht sich tatsächlich nicht.

Das ist eben immer die persönliche Frage: Wie lange hofft, erträgt, kämpft man? Und wann zieht man die persönliche Grenze.

Von außen ist das scheinbar immer leicht zu erkennen. Aber eine hundertprozentige Sicherheit in der Entscheidung, wann die Beziehung zu verlassen ist, gibt es nie. Zumindest nicht als durchgängiges Gefühl. Silke Bolduan hatte ein schlechtes Gewissen:

»Und trotzdem kam irgendwann das Gefühl, dass es die richtige Entscheidung war. Und die Gewissheit: Ich habe alles versucht. Deshalb versuche ich jetzt, damit abzuschließen.«

Demzufolge ist die Beratung mit der Trennung ja auch nicht vorbei. Eine Beratung während der Trennungs- oder Übergangszeit ist immens wichtig, um offen für etwas Neues zu sein. Nicht unbedingt für eine neue Beziehung, sondern vor allem für den neuen, persönlichen Lebensabschnitt. Man benötigt Menschen an seiner Seite, die zu einem stehen und denen man sich anvertrauen kann. Man benötigt eine Beratung, gerade für die eigenen Verdammnissätze »Du bist gescheitert!«, »Was sollen denn die Leute jetzt sagen?« oder »Du darfst das nicht!«.

Jede Scheidung hinterlässt Narben. Deshalb versteht Silke Bolduan auch nicht, warum Trennungen in der Gesellschaft als so leicht verdaulich verkauft werden. Gefühlt zumindest. Verbindlichkeit wird kleingeschrieben, obwohl das Bedürfnis nach Sicherheit und Verlässlichkeit steigt.

Dieses Gefühl drängt sich mir auch auf. Wobei ich es gar nicht an konkreten Punkten festmachen kann, außer dass Berichte über gescheiterte Promi-Ehen, sehr oberflächlich betrachtet, als normal verkauft werden. Aber ob sich Lieschen Müller ein Beispiel daran nimmt, wage ich zu bezweifeln. Trotzdem nehmen Zweit- und Drittscheidungen zu.

Werden wir Menschen vielleicht komplizierter?

Ich bin aber auch weit davon entfernt, allein den Zeitgeist dafür verantwortlich zu machen, dass Ehen schneller geschieden werden. Das ist zu einfach. Wir können nicht alles auf die Gesellschaft schieben. Wir sind doch die Gesellschaft. Egal ob als Mensch, der an Gott glaubt, oder als Atheist. Wir können uns nicht vor der Verantwortung für die eigenen Beziehungen drücken.

WIR KÖNNEN NICHT ALLES AUF DIE GESELLSCHAFT SCHIEBEN. WIR SIND DOCH DIE GESELLSCHAFT.

Und wenn wir diese Verpflichtung ernst nehmen, heißt das noch lange nicht, dass Beziehungen perfekt verlaufen, aber ohne die Ausrede »böse Gesellschaft« investieren wir mehr. Und das ist nötig. Gerade wenn schon vorherige Beziehungen gescheitert sind, denn ein Grund für eben diese Zweit- und Drittscheidungen ist die fehlende Aufarbeitung. »Wenn man sich eben nicht mit dem Scheitern der vorangegangenen Beziehungen auseinandersetzt, wiederholen sich die alten Muster leicht«, erklärt Silke Bolduan.

Doch egal wie viele Beziehungen schiefgehen: In der Phase einer Trennung und besonders danach benötigen die Geschiedenen viel Kraft. Auch um sich weiterhin in die Augen schauen zu können. Weniges ist schlimmer als ein Beziehungstrümmerhaufen, der nicht aufgearbeitet wird. Wenn sich Paare im Unfrieden trennen, wird der neue Lebensabschnitt noch schwieriger. Gerade wenn Kinder im Spiel sind. Eine Scheidung beinhaltet, neben einigen bürokratischen Hürden, eine Menge an seelischer Logistik, um einigermaßen aufgeräumt weiterleben zu können. Und es ist ein Geschenk, wenn Trennungen ohne Rosenkrieg ablaufen.

»Ich persönlich bin gerade dabei, wieder festen Boden unter den Füßen zu bekommen«, erzählt mir Silke Bolduan. »Denn der Plan, dass wir gemeinsam unser Leben verbringen, ist nicht aufgegangen. Das ist in dieser Phase des Lebens noch mal ganz anders als bei meiner ersten Scheidung. Da waren die Kinder noch klein und mein Fokus lag ganz klar auf der Erziehung der Kinder. Jetzt sind sie erwachsen und jetzt muss ich mich noch mal ganz anders sortieren.«

Das ist ebenfalls eine ganz neue Sichtweise für mich. Denn bei allen Schmerzen, die Kinder bei einer Trennung erleiden müssen: Sie geben den Geschiedenen einen Lebensinhalt. Einen Halt im wahrsten Sinn des Wortes. Verantwortungsvolle Eltern, ob getrennt oder nicht, setzen alles daran, dass die Kinder so wenig wie möglich darunter leiden. Und das ist schon eine zeitfüllende Tätigkeit. Die fällt für Silke Bolduan nun weg.

Es ist eine Leere da. Die Kinder sind erwachsen und haben ihr eigenes Leben. Das »gemeinsame alt werden mit dem Lebenspartner« ist in weite Ferne gerückt.

Silke Bolduan glaubt trotzdem weiterhin an gelingende Beziehungen. Auch weil sie weiß, warum ihre Ehen gescheitert sind. Es klingt komisch, aber schon auf ihrer eigenen (ersten) Hochzeit war für sie spürbar, dass es eigentlich nicht ganz stimmig war. Es war dieses oben schon erwähnte Anspringen auf eine Person, um ein bekanntes Muster zu wiederholen und um etwas zu klären. Das war erst mal Abenteuer pur. Frei nach dem Motto »Gegensätze ziehen sich an« startete sie in ihre Ehe. Vorneweg trug sie den Vorsatz »Alles wird gut«. Wurde es nicht. Ohne auf die Warnsignale zu achten.

MAN MUSS NICHT ALLES LEID ERLEBT HABEN, UM MENSCHEN ZU BERATEN

»Klar ist es leichter, mit einem Menschen auszukommen, der mir ähnlich ist«, sagt sie mir. »Aber spannender ist eben der Gegensatz. Das muss auch nicht zwingend schiefgehen. Das kann gut klappen. Wenn man sich ganz nah ist, gut kommuniziert und auf die Alarmsignale achtet. Schönreden bringt überhaupt nichts. Dann lässt man sich entweder scheiden oder man wird krank. Wenn sich beide dem Thema stellen und ehrlich zu sich selbst und zu dem anderen sind, dann kann es gut gelingen. Es ist anstrengender. Aber es geht.«

Dabei müssen Gegensätze gar nicht immer extrem daherkommen. Es gibt so manche klischeebehafteten Konstellationen, die gar nicht so selten sind. Der Klassiker: Eine kommunikative Frau heiratet einen sehr in sich gekehrten Mann und wundert sich, dass in der Ehe wenig geredet wird. Der Mann kapiert aber nur schwer, dass Kommunikation in einer Ehe wichtig ist. Besonders für seine Frau. Klingt einfach zu lösen, indem die Frau nicht erwartet, dass ihr Mann von jetzt auf gleich der kommunikativste Typ der Welt

»Man muss nicht alles Leid der Welt erlebt haben, um Menschen in extremen Situationen zu beraten. Aber ich bin in manchen Situationen vielleicht sensibilisierter für einige Geschichten und kann es etwas besser nachfühlen.«

wird, und indem der Mann, wenn er schon selbst das gemeinsame Gespräch nicht sonderlich vermisst, wenigstens seiner Frau zuliebe Gesprächszeiten einplant.

Klingt einfach? Ist es auch! Und doch so schwer, weil wir Menschen gerade in den innigsten Beziehungen oft nicht über das reden können, was uns stört, traurig oder wütend macht; aber wir können es lernen

Bei Silke Bolduan war es leider nicht so einfach zu lösen. Ihre Fachkompetenz hilft ihr dabei, Dinge zu verstehen und einzuordnen, aber der Verlustschmerz und die Einsamkeit holen sie genauso ein wie die Menschen, die sie berät.

Die profitieren allerdings davon, dass Silke Bolduan geschieden ist. So komisch das klingt und auch wenn sie das etwas relativiert: »Man muss nicht alles Leid der Welt erlebt haben, um Menschen in extremen Situationen zu beraten. Aber ich bin in manchen Situationen vielleicht sensibilisierter für einige Geschichten und kann es etwas besser nachfühlen.«

Für Silke Bolduan bedeutet Ehe: Einheit, innige Verbundenheit, Wertschätzung, Respekt und Bereicherung.

»Das, was ich bisher persönlich erlebt habe, würde ich nicht als Ehe bezeichnen«, sagt sie. »Es war eher der Versuch, verheiratet zu sein.«

Das ist wieder einmal so ein Satz, den ich mir erst mal auf der Zunge zergehen lassen muss. Heiraten muss nicht unbedingt bedeuten, eine Ehe zu führen.

Ehe bedeutet Hingabe.

Ich glaube mittlerweile, dass viele Menschen, die bereits eine gescheiterte Ehe oder ein »Verheiratet sein« hinter sich haben, einiges mehr von dem verstehen, was Ehe eigentlich bedeutet und bedeuten kann.

Denn normale Menschen setzen eine Ehe nicht leichtfertig aufs Spiel. Sie kämpfen. Und verlieren.

Und wissen ganz genau, was sie verloren oder nie kennengelernt haben.

GESELLSCHAFTLICHE ENTWICKLUNGEN – WAS IST RICHTIG UND WAS IST FALSCH?

DANIELS ZWISCHENSCHRITT

> Prüft aber alles, das Gute haltet fest!
> *1. Thessalonicher 5,21*

Darf ich Sie etwas fragen?

Bei welchem Liebesfilm saßen Sie noch lange nach dem Abspann im Kinosessel und haben nicht mal gemerkt, dass die Kinomitarbeiter schon dabei waren, die Popcornkrümel von Ihrer Jacke zu saugen?

Welches romantische Buch hat Sie bis zum Morgengrauen wachgehalten?

Sind es eher die Geschichten, bei denen er seine Traumfrau kennenlernt, sie gegen alle Widerstände kämpfen und dann gemeinsam in den Sonnenuntergang reiten? Oder bevorzugen Sie doch lieber die Storys, bei denen am Ende nicht das Happy End, sondern die Tragik, Dramaturgie und Melancholie siegt? Sie bleibt doch bei ihrem Mann, obwohl sie den anderen eigentlich liebt, oder beide werden auf tragische Weise und unwiderruflich auseinandergerissen.

Und haben Sie das im Nachhinein auch auf Ihre Realität übertragen. »Wie würde ich reagieren?« gedacht?

Warum ich das frage?

Ich möchte, dass in Ihnen Bilder entstehen. Es ist manchmal entspannend, einfach in eine nette Geschichte abzutauchen und die schönen Erinnerungen daran wieder hervorzuholen.

Für den Moment!

Einen kurzen Augenblick. Lehnen Sie sich kurz zurück und tauchen Sie die nächsten fünf Minuten ab; in Ihren Lieblingsfilm oder Ihr Lieblingsbuch.

5, 4, 3, 2, 1, …

Wieder da?

Diese Übung hatte schon einen tieferen Sinn. Denn Ihr Lieblingsfilm oder Lieblingsbuch hat etwas mit meinen Überlegungen zu tun.

Und dafür benötige ich wieder Ihre volle Aufmerksamkeit. Denn während Ihrer Entspannungsphase habe ich die Zeit genutzt, um einen Artikel zu lesen. Den Inhalt verrate ich Ihnen später. Nur soviel: Er wird polarisieren. Ebenso wie mein persönlicher Umgang damit.

GESCHICHTEN HINTERLASSEN SPUREN AUF UNSERER SEELE

Jetzt geht es erst mal um die grundsätzliche Aussage: Geschichten transportieren Inhalte. Unterhaltsame und bildende Elemente. Im besten Falle beides zugleich.

Geschichten hinterlassen Spuren in unserer Seele. Die Art und Weise, wie Sie an Ihren Lieblingsfilm oder Ihr Buch denken, bestätigt das.

Geschichten beeinflussen uns. Wir lernen von ihnen. Egal, ob wir sie in einem Sachbuch lesen, eine Doku schauen oder unsere

Lieblingssoap über den Bildschirm flimmert. Natürlich sind wir in der Lage, zwischen Fiktion und Wirklichkeit zu unterscheiden, aber sie beeinflussen uns trotzdem. Unterbewusst. In unserem Weltbild. Denn auch in der Fiktion ist ja nicht alles ausgedacht, und so ist es, je nach persönlichem Wissensstand, manchmal schwierig, die fiktionalen und echten Elemente herauszufiltern. Dabei geht es oft um Kleinigkeiten, die nicht sofort zuzuordnen sind.

Ein Beispiel: Im beliebten Tatort-Krimi werden oft Verhörmethoden angewandt, die im normalen Polizeialltag verboten sind. Suggestivfragen, also Fragen, durch die der Befragte zu einer bestimmten Antwort gezwungen wird, sind genauso verboten wie versprochene Strafmilderung. Außerdem schleichen sich die Beamten immer wieder unerlaubt an den Tatort oder betreten denselben in Straßenkleidung. Das alles kommt im normalen Ablauf der Kriminalbeamten nicht vor.

> Geschichten beeinflussen uns. Wir lernen von ihnen. Egal, ob wir sie in einem Sachbuch lesen, eine Doku schauen oder unsere Lieblingssoap über den Bildschirm flimmert.

Da ich mich selten in diesem Setting bewege, bin ich aber nicht in der Lage, das in Bruchteilen von Sekunden zu sortieren und während des Krimis in Fiktion oder Realität zu unterscheiden. Und das geht nicht nur mir so. In der sogenannten »Kultivierungsthese« erforschte der Kommunikationswissenschaftler George Gerbner schon vor knapp 50 Jahren, welche Auswirkungen der Fernsehkonsum auf unser Weltbild hat. Hierbei kam heraus, dass vor allem Menschen, die viel Fernsehen schauen, schlechter zwischen Realität und Fiktion unterscheiden können.

Trotzdem sollten auch bei Menschen, die einen kontrollierten Medienkonsum an den Tag legen, die Alarmglocken klingeln. Denn durch die Vielzahl der Medienorgane werden viel mehr Infos in unsere Gehirne gepustet, zweifelhafte Quellen gerade in sozialen Netzwerken oft ungeprüft weiterverbreitet und die Unterhaltungsbranche setzt mit »Scripted Reality« (Dokumentation realer Ereignisse werden vorgetäuscht) immer mehr auf die Verwirrung von uns als Konsumenten.

FIKTION UND REALITÄT KÖNNEN VERSCHWIMMEN

Noch mal meine Grundüberlegung: Geschichten beeinflussen unsere Seele. Egal, ob die Story ausgedacht oder echt ist. Ich präzisiere: Egal, ob wir die Story mit unserem Wissens- und Informationsstand deutlich als wahr oder Fiktion klassifiziert haben.

Das gilt allerdings nicht nur für Informationen oder Fakten, die man, wenn auch mit großer Mühe verbunden, gegenchecken und dann als richtig oder falsch abheften kann. Das gilt noch viel mehr für Meinungen und Wertemaßstäbe, die wir selbst als richtig oder falsch einordnen müssen. Bei denen wir selbst unsere Grenzen festlegen und nicht immer hundertprozentig abgesichert sind.

Auch hier ein Beispiel: Ich weiß, dass es meinem Gegenüber nicht guttut, wenn ich ihn bestehle. Das ist gesetzlich geregelt, biblisch abgesichert und alles ist schick! Trotzdem passieren Diebstähle. Jeden Tag. Immer wieder. Das Gesetz wird damit gebrochen, Menschen werden geschädigt und die Verursacher werden verurteilt. Oder sie werden nicht geschnappt und nicht bestraft. Die Straftat an sich ist aber klar und deutlich definiert.

Aber in Sachen Werte und Ethik gibt es so manche Grauzonen. Die Art, wie Beziehungen gelebt werden, fallen für mich in diesen Bereich. Auch hier gibt es klare Regeln. Alles das, was uns Menschen schadet, ist nicht in Ordnung und muss unterbunden werden. Auch hier gibt es Gesetze und biblische Maßstäbe.

Gut so!

Und doch können Beziehungen unterschiedlich gelebt und interpretiert werden. Das bekommen wir vorgelebt. Im eigenen Elternhaus (siehe Gespräch mit Silke Bolduan), im persönlichen Umfeld und durch die äußeren Einflüsse, die uns u. a. durch die verschiedenen medialen Verbreitungswege anbefohlen werden.

Verhaltensweisen, die auf diesem Wege gesellschaftlich an uns herangetragen werden, müssen durch uns analysiert und eingeordnet werden. Und zwar nicht nur durch den Filter »richtig oder falsch«, sondern durch den Filter »Kann ich dem zustimmen oder nicht?« und »Tut mir so etwas gut oder nicht?«. Es liegt also in der Ermessenssache jedes Einzelnen, ob wir diese Verhaltensweisen als gut oder schlecht, empfehlenswert oder ungeeignet empfinden.

UNSER »RICHTIG ODER FALSCH«-FILTER MUSS GUT TRAINIERT WERDEN

Und hier kommt der Artikel ins Spiel, den ich während Ihrer fünfminütigen Nachdenkzeit gelesen habe und der für mich sinnbildlich für eine gesellschaftliche Entwicklung steht, die sich permanent verändert.

Es geht um Beziehungen, Seitensprünge und Treue. Die Autorin des Textes trennt den Sex von der eigentlichen Liebe und argumentiert für die Möglichkeit, trotz einer festen Beziehung mit anderen Menschen schlafen zu können, ohne ein schlechtes Gewissen haben zu müssen. Hier ein Auszug:

> »Seitensprünge sind kein Grund für ein schlechtes Gewissen oder eine Trennung. Denn Liebe bedeutet viel mehr als nur Sex.

Erkenntnisse und Studien darüber, dass die meisten Frauen und Männer mindestens einmal im Laufe ihres Beziehungslebens einen Seitensprung haben, sind nicht neu. Ich selbst kenne Fremdgehen aus verschiedenen Perspektiven: meine Eltern, die einander betrogen haben, viele Freunde, die mir von ihren Affären erzählt haben, und eben die eigene Erfahrung.

Ich hatte schon Affären und umgekehrt hatte auch mein Freund während der Beziehung etwas mit einer anderen Person. Ich bin durchtherapiert von vorne bis hinten, ich habe die Trennung meiner Eltern verarbeitet, ich bin nicht bindungsunfähig, im Gegenteil. Ich bin eigentlich die meiste Zeit meines Erwachsenenlebens in Beziehungen gewesen, und das sehr gerne. Trotzdem habe ich ein paar Mal Sex mit anderen Männern gehabt. Ich habe es meinen jeweiligen Partnern nicht erzählt und wollte auch umgekehrt nicht wissen, ob es da manchmal noch eine andere Person gibt.

Sexuelle Treue war mir nie besonders viel wert. Eine langjährige Beziehung hat so viele Facetten, Sex ist eine wichtige, aber eben auch nur eine davon. [...] Natürlich passieren Seitensprünge unter anderem dann, wenn etwas in der Beziehung nicht mehr stimmt, sexuell oder emotional. Es gibt aber eben auch Fälle, in denen Menschen fremdgehen, ohne dass etwas falsch läuft.

Gefährlich wird es nur dann, wenn ich durch den Seitensprung etwas kompensieren will, was mir in der Beziehung fehlt. Die Male, die ich fremdgegangen bin, entstanden aus einer bestimmten Situation heraus. Es passierte komplett losgelöst von meiner Beziehung, es war kein Streit vorausgegangen, keine Enttäuschung. Es war für mich vielmehr die temporäre Faszination für eine andere Person, durch Gespräche, gemeinsame Erlebnisse.«[11]

Ich habe mit Silke Bolduan über die schwindende Verbindlichkeit in Beziehungen gesprochen, obwohl das Gefühl nach Sicherheit und Geborgenheit steigt.

Ich glaube ebenso wie sie, dass in der heutigen Gesellschaft Trennungen verharmlosender dargestellt werden als früher.

Sind es solche Artikel, die das fördern? Sind es die Geschichten an sich, die Seitensprünge verharmlosen. Weichen die vielen Soaps und Liebesfilme, die das Gefühl von »Mit dem anderen werde ich aber glücklicher« suggerieren, unsere Wertvorstellungen auf? Ist es die Meldung von der Trennung eines prominenten Schauspielers, der seine Frau wegen einer anderen hat sitzen lassen und jetzt die Frechheit besitzt, mit der neuen und viel jüngeren Dame an seiner Seite in die Kamera zu grinsen?

Vielleicht!

Aber genau solche Sichtweisen sind es, die ich heutzutage mit meinem eigenen Wertesystem abgleichen muss. Ein Wertesystem, das ganz klar auch von meinem Glauben an Gott bestimmt wird.

Und damit an einen Glauben an Verbindlichkeit, Treue und den Gedanken der Ehe mit einer Person auf Lebenszeit.

DAS EIGENE WERTESYSTEM MIT DEM 21. JAHRHUNDERT IN EINKLANG BRINGEN

Aber es ist eben auch ein Wertesystem, das geprägt ist von der Welt, in der ich lebe. Hier und jetzt im 21. Jahrhundert, einer Zeit, in der Trennungen und offene Beziehungen längst kein Tabu mehr sind, in dem auf Datingportalen wie »Tinder« unfassbar viele verheiratete Menschen auf der Suche nach einem schnellen Abenteuer unterwegs sind und in dem eine Hochzeit längst kein Bund für ein ganzes Leben mehr ist.

Ich denke lange darüber nach. Sehr lange!

Ein großer Teil in mir schreit laut »Ja!«. Natürlich liegt es an solchen Artikeln oder Liebesfilmen, dass der Begriff »Treue« und der schützende Rahmen der Ehe so immer mehr unterwandert wird. Wie kann da jemand anderer Meinung sein?

Wie kann die Autorin so etwas schreiben?

Auch hier liegt mir die fromme Be- und Verurteilungsantwort sofort auf der Zunge: »Sie kann ihre wahren Gefühle und Verletzungen nicht zulassen.« Oder noch krasser: »Sie kennt Jesus noch nicht und ist deshalb auf der Suche nach Erfüllung.«

Ich bin versucht, nach Statistiken zu suchen, die zeigen, dass Menschen, die Sex mit wechselnden Partnern haben und auch innerhalb von festen Beziehungen mit anderen Menschen schlafen, seelische Verletzungen davontragen. Ich würde sie bestimmt finden.

Ein weiterer Impuls signalisiert mir, sofort dagegen anzugehen und eine ethisch korrekte Gegendarstellung zu schreiben. Das ist doch meine Pflicht als guter Christ, wenn jemand in unseren Augen die von Gott gegebene Beziehungsform umdeutet.

Oder nicht?

Nein, eben nicht!

Denn ich muss mir eingestehen, dass ich es gar nicht so bekämpfenswert finde, was ich da gelesen habe. Und weil dieses Buch von Ehrlichkeit geprägt ist, die mir vor allem meine Gesprächspartner entgegenbringen, kann ich darüber nicht hinweggehen.

Ich habe mit der Autorin des Artikels nicht gesprochen, aber ich gehe davon aus, dass sie den Artikel persönlich und ehrlich geschrieben hat. Dann liefert sie mir den besten Grund, warum ich ihre Meinung zu dem Thema stehen lassen muss: Authentizität! Sie definiert Sex mit anderen Männern nicht als Beziehungs- oder Treuebruch.

Ich wiederhole die Frage: Wie kann die Autorin so etwas schreiben?

Ich unterstelle ihr: Weil sie es so meint!

Diese Annahme lasse ich erst mal so stehen! Zehn Minuten lang.

Und in der Zeit sage ich mir immer einen Satz vor: »Eine ehrliche Auseinandersetzung ist viel sinnvoller als eine sofort eingenommene Abwehrhaltung gegen eine fremde Sichtweise von Beziehungen.«

»Eine ehrliche Auseinandersetzung ist viel sinnvoller als eine sofort eingenommene Abwehrhaltung gegen eine fremde Sichtweise von Beziehungen.«

Und dann sage ich: »Nur weil ich ihre Interpretation nicht torpediere, heißt es nicht, dass ich ihrer Meinung sein muss.«

Im Gegenteil: Ich bin es nicht! Nicht mal im Ansatz. Ich glaube nicht, dass Sex losgelöst von einer festen Beziehung gesehen werden kann. Mir würde es das Herz zerreißen, wenn meine Frau mit anderen Männern schlafen würde und schon allein deshalb gebe ich alles dafür, es ebenfalls nicht zu tun. Ich glaube an den schützenden Rahmen der Ehe, daran, dass sie mir guttut und dass sie ein Schutz ist. Das sage ich auch. Laut und deutlich. Das schreibe ich sogar auf:

Ich bin anderer Meinung!

Und doch muss und möchte ich mich mit anderen Meinungen auseinandersetzen. Ich muss mich nicht vor ihnen fürchten oder mich vor ihnen verstecken. Ich kann sie akzeptieren. Tolerieren. Und dabei nehme ich gerne in Kauf, als liberaler Mensch zu gelten, der für den Werteverfall innerhalb und außerhalb der christlichen Gemeinden mitverantwortlich ist.

Ich gehe sogar noch einen Schritt weiter, indem ich glaube, dass gerade Christen sich mit der kulturellen Veränderung viel deutlicher und absichtsloser auseinandersetzen müssen, als das bisher geschieht. In einer liebenden Form und ohne die anderen Meinungen zu übernehmen und den Meinungsmachern nach dem Mund zu reden.

An dieser Stelle meiner Reise ist es mir wichtig, das genauso zu formulieren. Und dafür habe ich mir mit dem Artikel bewusst so ein konkretes und polarisierendes Beziehungsthemenbeispiel ausgesucht. Damit (an allererster Stelle mir selbst) deutlich wird, wie eine persönliche Einordnung von Werteverhältnissen funktionieren kann.

Wenn ich mir wirklich anmaßen wollte, ein Urteil fällen zu können, dann dürfte die Auseinandersetzung mit dem Artikel jetzt noch nicht zu Ende sein. Dann müsste ich Kontakt mit der Autorin aufnehmen, einen Gesprächstermin vereinbaren. Wenn sie ihn annehmen würde, würde ich ihr Fragen stellen. Weil mich das Thema beschäftigt. Ich würde sie fragen, was ihre Partner dazu sagen. Warum ihr der Besitzanspruch innerhalb einer Beziehung Angst macht und warum genau sie sich beim Fremdgehen lebendig fühlt.

DAS KONZEPT DER NÄCHSTENLIEBE IST INDIVIDUELL

Ich löse mich gedanklich von den genauen Inhalten des Artikels, weil es mir im Kern gar nicht um die einzelnen Elemente geht, sondern um den grundsätzlichen Umgang mit anderen Meinungen und damit auch mit anderen Wertemaßstäben.

Das geht auch wunderbar mit anderen ethischen Themen, die oft mit den unbarmherzigen Umgangsformen wie Anklage, Ausgrenzung oder Schuldzuweisungen abgetan werden:

Von allgemeinen Feststellungen wie »Die wohnen schon zusammen, obwohl sie nicht verheiratet sind« bis hin zu konkreten Verurteilungen, die konkret den Kern unseres Themas treffen:

»Die haben Probleme in der Ehe. Da stimmt etwas im Glaubensleben nicht«,

»Der ist geschieden. Das kann kein guter Christ sein« oder »Die gehen zu einer Psychologin wegen ihrer Beziehungskrise. Das ist aber nicht biblisch« sind nur einige Sätze, die innerhalb bestimmter christlicher Gemeinden bei Menschen mittlere bis schwere Krisen auslösen können.

Und diese Menschen, die solche Sätze über andere sagen, weil sie mit deren Lebensformen nicht klarkommen, haben ihre Welt hübsch in richtig oder falsch geordnet, obwohl sie in den meisten Fällen nicht mal ansatzweise die Hintergründe für eine Trennungsentscheidung kennen.

Silke Bolduan hat sich dafür ausgesprochen, gerade in der Paartherapie die fundierten Kenntnisse der Psychologie zu nutzen und sie nicht gegen die Bibel auszuspielen. Das befeuert meine Überlegungen zum Umgang mit dem Thema »Was ist (für mich) richtig, was ist (für mich) falsch?«.

Durch die permanente Auseinandersetzung mit den wissenschaftlichen Erkenntnissen und den Forschungen zum Thema Beziehung sind in den letzten Jahrzehnten erstaunliche Weiterentwicklungen möglich und vielen Paaren zum Segen geworden.

TUN UND HANDELN IM VERTRAUEN AUF GOTT

Fachleute wie Silke Bolduan haben sich im Vertrauen auf Gott mit den Inhalten der Psychologie auseinandergesetzt, Dinge wahrgenommen, übernommen und andere Theorien als nicht hilfreich fallen gelassen.

Sie als Fachfrau! Im Vertrauen auf Gott!

Genauso funktioniert es. Wir sind selbst für unser Tun und Handeln verantwortlich.

Paulus schreibt im ersten Brief an die Thessalonicher (5,21): »Prüft aber alles, das Gute haltet fest.« Dieses Prüfen impliziert eine konkrete Auseinandersetzung mit den verschiedenen Themenbereichen. Erst dann erfolgt eine Entscheidung. Die jeder selbst treffen muss und die nicht als Gesamtmeinung einer ganzen Gruppe oder Gemeinde durchgedrückt werden darf.

Und in allem Tun und Handeln dürfen wir auf Gott vertrauen. Weil er die Beziehungen erfunden hat. Weil er auch die Psychologie im Blick hat. Und uns Menschen ebenso. Jeden Einzelnen.

Denn so funktioniert sein Konzept der Liebe. Er sieht immer den Einzelnen. Er macht sich die Mühe, genau hinzugucken. Ins Herz. Und er erwartet von uns, dass wir mit uns genauso umgehen. Genau hinschauen. Denn oftmals ist es auf den ersten Blick gar nicht so klar, was richtig und falsch, was gut und was nicht so gut für uns und unsere Beziehung ist.

Für eine klare Einordnung brauche ich Zeit. Geduld. Andere Menschen. Artikel, die mich aufregen, die mir aber auch zeigen, welche Werte mir in meinem Leben wichtig sind. Die mir guttun und die mir Halt geben in dieser Welt.

Wir brauchen Liebesfilme, Krimis und die Bibel.

Wir brauchen gute Geschichten.

Weil Geschichten Spuren auf unserer Seele hinterlassen.

MICKEY WIESE – ES SIND DIE KLEINIGKEITEN, DIE EINE EHE ZERMÜRBEN

Es gibt sicher viele Gründe für die Scheidung,
aber der Hauptgrund ist und bleibt die Hochzeit.
Jerry Lewis

Ich sitze im heimischen Büro und bin doch in Frankfurt zu Gast. Die Technik macht es möglich. Per Skype bin ich Mickey Wiese zugeschaltet. Der Event-Pastor und Lifecoach sitzt in seinem Arbeitszimmer und ich sitze damit einem sehr offenen und interessierten Gesicht gegenüber. Im Hintergrund kann ich noch einen Blick auf ein Bücherregal erhaschen. Seine Bücher kann ich zwar nicht erkennen, aber ich erahne, mit welchen Themen er sich beschäftigt. Der systemische Lebensberater und Pastor hat evangelische Theologie und Psychologie in Oberursel, Heidelberg und Mainz studiert. Und das merkt man im Gespräch. Denn Mickey, der eigentlich Michael heißt, aber nie so genannt wurde, bringt psychologische Gedanken in einen theologischen Zusammenhang, der auf das Leben übertragbar ist. Er berät Menschen in Übergangssituationen, auch Paare in Beziehungskrisen. Deshalb habe ich ihn für ein persönliches Gespräch angefragt.

Er wurde mir empfohlen, aber von Mickey habe ich vorher schon einiges gelesen. Und gesprochen. Seine Kolumne *Mein Freund Gott und ich*, die er für eine Zeitschrift geschrieben hat, durfte ich für einen Podcast einlesen. Seine Texte haben mich inspiriert. Und mit der Inspiration geht es auch in diesem Gespräch weiter. Wobei, erst mal überrascht Mickey Wiese mich.

Denn in den ersten Sätzen unseres Gesprächs eröffnet mir der dreifache Familienvater, dass auch er geschieden ist. »Super«, denke ich direkt. »Damit haben alle Gesprächspartner eines gemeinsam: Sie sind geschieden.« Bei einem Buch wie diesem vielleicht nicht so überraschend, aber es war tatsächlich nicht so geplant. Denn wie sagte Silke Bolduan im letzten Gespräch: »Man muss nicht alle Leiden dieser Welt erlebt haben, um Menschen in Krisensituationen beraten zu können.«

Aber ich empfinde es auch nicht als unpassend. Deshalb nehme ich diese Situation als gegeben hin und konzentriere mich auf den Gesprächspartner, der mir jetzt, knapp 400 Kilometer entfernt, seine Scheidungsgeschichte erzählt.

Mickey und seine erste Frau waren nicht verheiratet, liebten sich aber und schliefen miteinander. Beide hatten danach ein schlechtes Gewissen. Warum? Weil sie glaubten, dass man das vor der Ehe nicht darf. Dass Gott das nicht gut fände. Sie sind beide tief gläubig und Mitglieder einer christlichen Gemeinschaft. Also gehen sie mit ihrem Problem zu ihrem Seelsorger.

Der verschlimmert das schlechte Gewissen, da dieser die beiden beschuldigt, die Schöpfungsordnung Gottes durcheinandergebracht zu haben. Möglichkeiten, das wieder in Ordnung zu bringen, sind: Schnellstens bekennen und trennen oder heiraten und es damit legalisieren!

Schon an dieser Stelle merke ich, wie sich meine Abneigung meldet und ich die evangelikale Szene an sich für alle schlimmen Dinge, die in Gottes Namen und mit einer sehr missbräuchlichen Ethikauffassung geschehen, verantwortlich machen möchte. Mache ich aber nicht. Muss ich auch nicht, denn indem ich Mickey erzählen höre, werde ich besänftigt. Ich weiß gar nicht genau warum. Er wirkt überhaupt nicht verbittert und seine Ausstrahlung signalisiert: »Damit habe ich versöhnlich abgeschlossen.« Vielleicht, weil Mickey Vorstandsbeisitzer der *Therapeuten und Berater nach der Positiven Psychotherapie in Deutschland* (DGPP e. V.) ist und diese Therapieform auch für sich entdeckt hat. Vielleicht liegt es aber auch daran, dass die ganze Geschichte schon schlappe 37 Jahre her ist. Und trotzdem erinnert sich Mickey noch genau an die Gefühle:

»Wir waren halt jung. Wir haben uns geliebt, sonst hätten wir nicht miteinander geschlafen. Unsere Probleme lagen aber ganz woanders, doch wir dachten, wenn wir heiraten, wird es besser. Wurde es aber nicht, es wurde schlechter.«

»Wir waren halt jung. Wir haben uns geliebt, sonst hätten wir nicht miteinander geschlafen. Unsere Probleme lagen aber ganz woanders, doch wir dachten, wenn wir heiraten, wird es besser. Wurde es aber nicht, es wurde schlechter.«

WIR LEBTEN AUF UNTERSCHIEDLICHEN PLANETEN

Die Hochzeitsglocken läuteten 1983. Und schon 1985 wurde Mickey Wiese in ein Fachkrankenhaus für Psychiatrie, Psychotherapie und Psychosomatik eingeliefert. Er hatte schwere Depressionen und einen Selbstmordversuch unternommen. Schuld daran war auch die Beziehung. Mickey war von einem Tag auf den anderen weg. Ein Desaster.

Während des Klinikaufenthaltes gab es ein paar gemeinsame Gesprächsversuche mit einem Therapeuten. »Dabei haben meine Frau und ich gemerkt, dass wir auf unterschiedlichen Planeten leben«, erinnert sich Mickey. »Und dass eine Ehe höchstwahrscheinlich nicht funktionieren wird. Wir haben dann erst ohne Scheidung getrennt gelebt. Meine damalige Frau hat einen neuen Mann kennengelernt. Seit 1987 sind wir geschieden.«

Mickey ist neu verheiratet und hat gemeinsam mit seiner Frau drei Jungs im Alter von 21,19 und 11 Jahren.

Zur Hochzeit im Jahre 1992 lädt er auch seine ehemalige Frau ein. Sie kommt sogar. Das Verhältnis ist geklärt. Sie wohnen in der gleichen Gegend Frankfurts, treffen sich zwar höchstens beim Einkaufen, dann aber immer herzlich. Sie leben unterschiedliche Leben mit verschiedenen Interessen. »Unser damaliger Seelsorger in der Gemeinschaft hat mir später einmal gesagt: ›Ja, wir hatten gleich kein gutes Gefühl bei euch beiden, aber wir wussten nicht, wie wir das sagen sollten.‹« – Mickey lächelt, während er das sagt. »Wenn man nichts sagt, ist es falsch, und wenn innerhalb der Gemeinde die Beziehung kommentiert wird, dann fühlen sich viele Paare direkt bevormundet.«

Auffällig ist, dass es innerhalb von Gemeinden unheimlich viele Ehevorbereitungskurse und Seminare gibt, aber sobald der Ring am Ringfinger steckt, ist wenig Support zu spüren. Auch in Sachen Sex wird innerhalb der Gemeinde wenig geredet. Das bleibt Privatsache. Auch hier ist die Verhaltensweise von Gemeindeverantwortlichen und Gemeindemitgliedern ausbaufähig. Den einen fehlt die Traute oder die Kompetenz und die anderen möchten sich ungern reinreden lassen. Da fehlt es auch an der richtigen Kommunikationsform. Denn dass die Hemmschwelle bei so einem Thema größer ist als bei der Planung der Gemeindefreizeit, ist klar.

SEX UND GEMEINDE PASSEN (NOCH) NICHT ZUSAMMEN

Niemand erwartet einen Austausch im großen Rahmen. Und niemand darf verpflichtet oder gezwungen werden, innerhalb der Gemeinde Rechenschaft über sein Liebesleben abzugeben.

Ein geschützter Gesprächsrahmen, in dem sich Menschen bewegen, die sich wohlwollend gesonnen sind und auch über dieses Thema reden möchten, reicht schon. Das Angebot bestimmt an der Stelle die Nachfrage. Und die Nachfrage darf durchaus ohne ein bestehendes Angebot gestellt werden.

Dieser Gesprächsrahmen sollte allerdings in erster Linie in der Beziehung selbst gewährleistet sein. Mickey Wiese empfiehlt, sich in einer Beziehung von Anfang an über Angebot und Nachfrage von Kommunikation auszusprechen.

Immer wieder. Eine Theorie von Michael Lukas Moeller. Der aufmerksame Leser erkennt den Namen des von mir schon öfter zitierten Experten. Mickey Wiese hat sich viel ausführlicher und schon lange vor mir mit dem Psychoanalytiker beschäftigt und ist überzeugt von seiner Theorie der Zwiegespräche: An einem Abend in der Woche wirklich in Ruhe miteinander sprechen. Bitte genügend Zeit einplanen. Ganz wichtig dabei: Den anderen aussprechen lassen. Über Gefühle reden. Ja, ja, denke ich so bei mir, während mir Mickey das erzählt. Diese künstlich erzeugte Romantik wirkt oft etwas zwanghaft, oder!?

Ich denke das, bis er ein Beispiel bringt. Und dann merke ich, dass es in erster Linie gar nicht um die Schwärmerei füreinander geht, sondern um das gegenseitige Verstehen. Und das ist richtig Arbeit. Arbeit, die sich lohnt.

Sein Beispiel:

Adam und Eva reden über ihren letzten Einkauf.

Adam beginnt:

»Du, Eva, ich fand den gemeinsamen Einkauf mit dir echt schön. Bis zum Süßigkeitenregal. Da wollte ich mir gerade eine Tüte Gummibärchen greifen. Du weißt ja, dass ich die so gerne esse. Kurz bevor ich sie aus dem Regal nehmen wollte, trafen sich unsere Blicke, und die Art, wie du mich angeschaut hast, hat mir alle Lust auf die Gummibärchen genommen. So vorwurfsvoll und abwertend. Mein Tag war gelaufen.«

Eva erzählt nun aus ihrer Sicht:

»Ich habe es ebenfalls sehr genossen, mit dir einkaufen zu gehen. Und bei den Gummibärchen habe ich dich angeschaut und mich an das erinnert, was du vor zwei Wochen zu mir gesagt hast. Du hast mich gebeten, dich beim Abnehmen zu unterstützen. Und da wurde ich unsicher. Ich wusste nicht, was ich sagen sollte. Für den Bruchteil einer Sekunde trafen sich unsere Blicke und dann waren wir auch schon an dem Regal mit den Süßigkeiten vorbei.«

Eine Situation. Zwei unterschiedliche Blickwinkel. Eigentlich eine Banalität. Um so etwas zu analysieren, braucht es »nur« etwas Zeit und zwei Menschen, die sich ehrlich ihre Meinung sagen.

Und schon kann der »Ach so hat der das gemeint«-Effekt die ganze Beziehungssituation entspannen.

Klingt logisch. Und das kann man einüben.

Reden hilft. Wenn sich beide darauf einlassen.

Wenn solche Zwiegespräche nicht funktionieren und man seine Frau oder seinen Mann trotzdem nicht versteht, dann macht der Gang zur Therapie sehr viel Sinn.

Ob so eine Gesprächstherapie auch per Skype funktioniert?, frage ich mich so nebenbei, traue mich aber nicht, die Frage an Mickey weiterzuleiten. Ich kann mir vorstellen, dass es funktioniert. Ist wahrscheinlich auch Typsache. Grundsätzlich sitze ich lieber mit der Person im gleichen Raum, aber wenn es terminlich gar nicht anders passt. Ich schweife ab …

»… da ist etwas, was der andere mir nicht sagt«, höre ich gerade noch von Mickey. Und: »Dann wird es höchste Zeit, fremde und kompetente Hilfe in Anspruch zu nehmen.«

Ich erschrecke kurz, weil ich denke, dass Mickey meine Gedanken lesen kann. Dann verstehe ich, was er meint. Es geht darum, dass die Form der Zwiegespräche manchmal nicht hilft, sondern noch mehr trennt.

VON EINEM GROSSEN BEZIEHUNGSKNALL ERHOLEN WIR UNS SCHNELLER

»Außerdem wird es gefährlich, wenn einer der beiden in irgendeinem Zusammenhang ›Schwamm drüber, das bekommen wir schon hin‹ denkt«, legt Mickey nach. »Auch dann sollten die Alarmglocken läuten. Auch hier ein banales Beispiel: Wenn er oder sie den Klodeckel nicht zuklappt, denkt man ›Schwamm drüber‹. Bei 10-mal unterstellt sie oder er Schusseligkeit. Bei 50-mal kommt der Gedanke ›Der will mich ärgern‹ und bei 100-mal knallt es.

Es sind vor allem die Kleinigkeiten, die eine Beziehung gefährden. Von einem großen Knall aus heiterem Himmel erholen wir uns schneller. Wirklich? Eine Beziehung erholt sich schneller, wenn jemand fremdgegangen ist (der große Knall), als wenn jemand 100-mal den Klodeckel nicht runterklappt? Kann ich mir nicht vorstellen.

»Nein, eins zu eins kann man das natürlich nicht übertragen«, antwortet Mickey. »Aber es sind tatsächlich die gesammelten Kleinigkeiten, die gären, wenn sie nicht ausgesprochen und besprochen werden, die eine Beziehung zermürben und dann zum Aus führen. Mit einem Schrecken aus heiterem Himmel können Paare tatsächlich besser umgehen als mit diesen fiesen kleinen Nadelstichen im Alltag. Das ist wie mit den kleinen Insekten, die die dicksten und stattlichsten Bäume umhauen können. Bäume können viel aushalten und wenn da mal ordentlich einer gegenstößt, macht das nicht viel aus. Aber die kleinen Insekten zerstören die Struktur des Holzes und damit wird das Leben des Baumes getötet.

Ohne dass Mickey es merkt, googel ich mal schnell Insekten und Bäume und sehe direkt einen fiesen Insektenschwarm, der gerade einen Baum lahmlegt. Krasses Bild! Mir fällt dazu auch der Holzwurm ein, aber den googel ich jetzt nicht, denn Mickey ist schon wieder bei den Beziehungen.

»Viele Kleinigkeiten bemerkt man auch gar nicht, und wenn man sie bemerkt hat, spricht man nicht darüber, und dann wächst so ein Konflikt nach innen und wird immer mächtiger.«

»Viele Kleinigkeiten bemerkt man auch gar nicht, und wenn man sie bemerkt hat, spricht man nicht darüber, und dann wächst so ein Konflikt nach innen und wird immer mächtiger.«

Wenn Menschen mit einer beziehungstechnischen Insektenplage zu Mickey kommen, merkt der meistens schon nach einer Stunde, ob beide Partner ihre Beziehung retten wollen oder nur einer von beiden. Äußerungen wie »Erklären Sie dem da mal, warum er sich ändern soll« oder »Sie hat gesagt, dass ich hierher mitkommen soll« sprechen dabei Bände.

Eine Frau, die mit ihrem (Noch-)Mann in der Beratung war, erklärte Mickey einmal allen Ernstes, dass sie schon eine neue Beziehung habe und auch nicht bereit sei, sich von der neuen Errungenschaft zu trennen. Aber eine Ehetherapie wollte sie doch noch machen.

Da konnte Mickey nur antworten: »Wenn Sie nicht bereit sind, Ihre neue Beziehung loszulassen, dann sind Sie nicht bereit zu arbeiten. Und dann macht diese Therapie keinen Sinn. Ich könnte jetzt noch ein wenig Geld verdienen, aber das wäre nicht ehrlich von mir.« Zack! Gespräch beendet.

Schade, denn Mickey Wiese bezeichnet sich selbst als jemanden, der für die Beziehung der Paare kämpft. Auch wenn er als Berater absichtslos beraten sollte. Die Menschen, die sich auf Mickey als Therapeut einlassen, wissen, wen sie vor sich haben. Der Seelsorger in ihm kämpft immer mit.

»Das ist aber ein schmaler Grat«, äußert er sich zu dem Thema. »Denn ich kann nur kämpfen, wenn ich das Gefühl habe, dass die beiden da vor mir auch mitkämpfen. Wenn die dasitzen und mir beim *Kämpfen zuschauen, dann bringt das gar nichts und ist sogar falsch. Aber ich gehe davon aus, dass sich die zwei irgendwann mal geliebt haben, dass sie es auch festmachen können, warum sie sich geliebt haben. Das will ich wieder ausgraben. Denn so kann man eine Krise manchmal überwinden.*«

Deshalb triggert Mickey auch direkt am Anfang das Erinnerungsvermögen der Paare, indem er sie jeweils fragt, aufgrund welcher Eigenschaften sie sich damals ineinander verliebt haben. Man gräbt also das wieder aus, was damals in den ersten Minuten der ersten Begegnung unbewusst abgespeichert wurde.

Im günstigsten Fall verlieben sich die beiden wieder und merken: »Mann, mein Partner ist ja an sich gar nicht so dumm, sondern es waren die Umstände, die uns in diese Situation gebracht haben.« Manchmal gelingt der Umschwung.

Das ist jedes Mal ein Fest für Mickey. Die meisten Paare kommen allerdings erst zu ihm, wenn es schon zu spät ist. Im freien Fall klammern sie sich an den Berater und erwarten, dass er die Beziehung wieder in einen gesunden Zustand zaubert.

MANCHMAL GELINGT DER UMSCHWUNG UND DIE LIEBE KEHRT ZURÜCK

Das gelingt natürlich nicht. Denn das »an der Beziehung arbeiten« kann einem kein Berater der Welt abnehmen. Es geht darum – und auch hier denke ich wieder an Silke Bolduans Worte – Fäden zu entwirren und durch Gespräch Dinge verständlich zu machen. Wenn das als Paar nicht mehr funktioniert, dann hilft höchstens noch das »beziehungserhaltende Trennen« dabei, Dinge aufzuarbeiten und die Abneigung füreinander zu verstehen und zu verarbeiten.

»Was ist denn, wenn du merkst, dass die Beziehung am Ende ist, wenn der Baum klinisch tot ist, um im Insektenbild zu bleiben?«, frage ich meinen Skype-Gesprächspartner.

»Das ist immer tragisch.« Mickey atmet tief durch. »Aber, wenn zu viele Insekten Schaden angerichtet haben oder, um in einem anderen Bild zu sprechen, wenn die Schicht, die die Anziehungspunkte verschüttet hat, zu dick ist und man nicht schnell genug graben kann, dann wird es eng. Vielleicht ist einer der beiden an dem Punkt, wo er sagt: ›Das zermürbt mich. Ich kann nicht mehr. Ich muss hier raus.‹ So schwer das ist, dann müssen das alle Beteiligten akzeptieren.«

Er hat es ja selbst erfahren. Die erste Ehe hätte vielleicht gelingen können, wenn die Umstände anders gewesen wären. Wenn beide eher Hilfe gehabt hätten und wenn die Depression von Mickey nicht einen sechsmonatigen Klinikaufenthalt nach sich gezogen hätte.

Aber wer hat denn dann Schuld an so einem Beziehungsaus. Mickey, seine erste Frau, der Seelsorger, Gott selbst?

Oder macht es gar keinen Sinn, über Schuld zu reden?

Das verneint Mickey energisch und erläutert, dass es durchaus wichtig ist, darüber zu reden, um zu erkennen, dass in den meisten Fällen beide ihren Anteil an der Misere haben. Einer tut etwas und der andere lässt es zu, tritt dem nicht entgegen und hat damit seinen eigenen Anteil am Geschehen.

Wichtig hierbei ist klarzustellen, dass Extremfälle durch Gewalt aller Art in diese Form der Schuldbetrachtung nicht so leicht einzubeziehen sind. Da ist die Schuldfrage anders und deutlicher gelagert. Ich erwähne dies, um bei Opfern häuslicher Gewalt nicht ein Schuldgefühl zu erzeugen. In solchen Fällen hilft mit hoher Wahrscheinlichkeit nur die Trennung, und hier ist es nicht richtig, eine (Teil-)Schuld auf sich zu nehmen.

Doch schon beim Fremdgehen in einer Ehe kann die Schuld (auch hier benutze ich die Formulierung) in den meisten Fällen nicht nur bei demjenigen oder derjenigen gesucht werden, der/die fremdgegangen ist. Fremdgehen bedeutet oft unmittelbar vorher: Ich entdecke etwas in dem anderen, was mir in meiner Beziehung fehlt.

Ein heikles Thema. Aber dem gehen wir jetzt mal auf den Grund.

»In jeder Beziehung kommt es doch vor, dass man mal für eine andere Person schwärmt«, sagt Mickey. »Es ist dann meine persönliche Entscheidung, ob ich mich darauf einlasse oder nicht. Laufe ich direkt in die Arme der Schwärmerei oder halte ich kurz inne und überlege, warum ich für diese Person schwärme? Und frage mich dann: Mit meinem Partner gab es diese Momente des Flirts doch auch, wo sind die hin?«

Wobei Mickey es gar nicht immer notwendig findet, dem Partner sofort auf die Nase zu binden, dass man eine andere Person attraktiv findet: »Ich kann auch mit einer anderen Vertrauensperson darüber reden. Oder, wenn das Fremdverlieben auf Mangelerscheinungen in der eigenen Beziehung fußt, meinen Partner auf den Mangel aufmerksam machen. Und zwar ohne den genauen Grund zu erläutern. Es ist manchmal sinnvoller zu sagen ›Du, ich wünsche mir, dass wir mehr unternehmen‹ als ›Pass mal auf, ich habe eine sehr attraktive Frau getroffen‹. Das ist situationsabhängig.«

IN JEDER BEZIEHUNG KOMMT ES MAL VOR, DASS MAN EINE ANDERE PERSON ATTRAKTIV FINDET

Wichtig ist die aktive Auseinandersetzung mit der aktuellen Gefühlslage. Das muss bearbeitet werden. Und zwar offensiv. Denn alles, was im Verborgenen bleibt, entwickelt Sprengkraft. Die Paardynamik spielt dabei eine große Rolle. Ob man in so einer Situation in der Lage ist, seinen Partner damit zu konfrontieren, hängt davon ab, wie gut man in der gemeinsamen Kommunikation geübt ist. Wenn man es gewohnt ist zu reden, dann fällt es leichter, mit so einer Situation umzugehen. Im Gespräch und im Gebet.

Wenn nicht, dann sollte man eher vorsichtig sein. Paaren, die noch nie miteinander geredet oder gebetet haben, rät Mickey davon ab, mit der Tür ins Haus zu fallen. Denn über die Attraktivität anderer Menschen oder über das Fremdverlieben zu reden, ist die Königsklasse der Paarkommunikation. Da muss schon eine gehörige Portion Vertrauen vorhanden sein.

> Über die Attraktivität anderer Menschen oder über das Fremdverlieben zu reden, ist die Königsklasse der Paarkommunikation. Da muss schon eine gehörige Portion Vertrauen vorhanden sein.

Auch da kann die christliche Ethik manchmal eher hinderlich sein. Dann nämlich, wenn von anderen verlangt wird, dem Partner sofort reinen Wein einzuschenken. Ohne Rücksicht auf Verluste. Das ist eine krasse Leistung und kann viel kaputt machen. Noch mal: Wenn man in der Kommunikation nicht geübt ist.

Ich merke, wie in diesem Gespräch die Frage nach »Was ist richtig und falsch« mehr und mehr in den Hintergrund gerückt wird und der individuelle Mensch und die einzelne Partnerschaft voll im Fokus steht. Mickey beurteilt nicht nach einem grundsätzlichen Parameter, sondern schaut individuell hin. Auch in die Gesellschaft. Und da wird es dann doch etwas allgemeiner:

»Ich wünsche mir schon, dass Paare grundsätzlich ein bisschen mehr Energie daransetzen, um an ihrer Beziehung zu arbeiten. Ich beobachte, dass eine Entwicklungstendenz in Richtung schnellerer Trennung stattfindet. Es ist mehr und mehr akzeptiert.«

Und weil Menschen aus christlichen Gemeinden auch zur Gesellschaft gehören, meine Beobachtung: Hier kann die Gesellschaft eher auf der anderen Seite vom Pferd fallen. Hier wird eher doppelt kritisch hingeschaut und eine Trennung oder Scheidung weniger akzeptiert. Dabei spielen das Sündenverständnis und das eigene Gottesbild eine große Rolle.

Auch das hat Mickey Wiese am eigenen Leib erfahren. Nach der Trennung hat er mit einer Therapeutin gesprochen. Die sagte ihm ins Gesicht: »Herr Wiese, Sie haben Angst vor Gott!« Sofort setzten bei dem Angesprochenen die Abwehrmechanismen ein: »Nein, wie können Sie so etwas sagen? Das stimmt nicht.« Aber die Therapeutin ließ sich nicht beirren: »Doch, Sie haben Angst, dass Gott Sie in die Pfanne haut, wenn Sie etwas falsch machen.« Und dann gab die Therapeutin Mickey einen ungeheuerlichen Rat. Sie empfahl ihm: »Gehen Sie raus und sündigen Sie *bewusst* und erfahren Sie dadurch, dass Gott Sie trotzdem liebt.«

Anmerkung: Natürlich darf niemand zu Schaden kommen und diese Anweisung gilt auch nicht als Ausrede für ein fleißiges Lotterleben. Nein, das war ein Rat an einen psychisch angeschlagenen Menschen. Und dieser Rat hat sich bei Mickey festgesetzt. Er hat es ausprobiert (mir aber nicht verraten, welche Sünde er begangen hat) und tatsächlich: Es hat ihm geholfen. Mickey spürte: Gott knechtet nicht. Er liebt. Mit allen Fehlern.

Und diesen Satz gibt er auch den Menschen weiter, die starke Glaubenszweifel haben, weil sie geschieden sind.

Ja, Gott möchte grundsätzlich, dass zwei Menschen, die Ja zueinander gesagt haben, ein Leben lang zusammenbleiben und dass Ehen geschützt werden.

Aber er sagt nicht »Auch wenn es gar nicht geht, nach allen Bemühungen: Ihr müsst zusammenbleiben, koste es, was es wolle«.

Vor allem dann nicht, wenn Gewalt, Alkohol, andere Süchte oder Krankheiten im Spiel sind.

Geschiedene Menschen sind keine Menschen/Christen zweiter Klasse. Sie sind auch nicht weniger gesegnet. Sie haben keinen Makel vor Gott! Wer das nur schwer akzeptieren kann, sollte noch mal sein persönliches Gottesbild überprüfen. Ich schließe mich da mit ein.

GESCHIEDENE MENSCHEN SIND NICHT WENIGER GESEGNET

Mickey Wiese begründet das auch theologisch, indem er die Aussagen der Bibel genauer untersucht:

»Es gibt grundlegende Bibelstellen und Bibelstellen, die daraus erfolgen, ich nenne sie Ausführungsbestimmungen«, erklärt er. »Jesus sagt: ›*Nichts* kann euch von meiner Liebe trennen.‹ Das gilt. Und wenn er dann sagt: ›Ihr sollt euch nicht scheiden lassen‹, dann gilt der Satz, dass uns *nichts* von seiner Liebe trennen kann, trotzdem.«

Das kann man noch grundlegender fassen, indem man die Schöpfung des Menschen als Gottes Ebenbild und den Tod von Jesus am Kreuz, stellvertretend für alle Menschen, als Grundlage nimmt.

Zu beidem haben wir Menschen nichts dazu getan und es gilt, laut Bibel, für alle Menschen.

Und von diesem Punkt aus darf ich mir der Liebe gewiss sein und kann anhand der Bibel, aber auch anhand meines gesunden Menschenverstandes einordnen, was Gott möchte und was nicht. Aber wenn es mir nicht gelingt, das einzuhalten, was richtig ist (zumal ich das auch im Fall einer Entscheidung nicht immer weiß; siehe Gespräch Reiner Knieling), dann falle ich nicht ins Bodenlose, sondern in Gottes Arme, und ich darf mir gewiss sein, dass Gott mir vergibt. Wenn ich hier auf der Erde scheitere, dann tut das weh. Im Falle einer Beziehung meistens seelisch. Da gibt es unweigerlich Verletzungen, zerschlagenes Porzellan und Unfrieden.

»Jesus sagt: ›*Nichts* kann euch von meiner Liebe trennen.‹ Das gilt. Und wenn er dann sagt: ›Ihr sollt euch nicht scheiden lassen‹, dann gilt der Satz, dass uns *nichts* von seiner Liebe trennen kann, trotzdem.«

Das schmerzt Gott, weil er uns als seine Geschöpfe unendlich liebt. Das verletzt den anderen und mich. Allein dafür ist Vergebung notwendig. Weil es für unser Weiterleben so wichtig ist. Selbst vergeben und Vergebung erfahren. Beides ist notwendig.

»Ich erkläre Vergebung als Loslassen. In beide Richtungen«, sagt Mickey gegen Ende unseres Gesprächs. »Es heißt nicht, dass der andere in allen Punkten recht hat, wenn ich um Vergebung bitte. Er hat dann keinen Machtkampf gewonnen. Und selbst vergeben ist auch möglich, ohne dass der andere um Vergebung bittet. Vielleicht geht es dem anderen ja gut und er merkt gar nicht, wie schlecht es dir geht, weil du so sehr auf das Vergebungsgesuch wartest.«

Puh, im Bereich der Vergebung bin ich ja der Ansicht, dass wir schon selbst vergeben sollen und auch Vergebung empfangen dürfen. Aber in allerletzter Konsequenz sehe ich das als göttlichen Akt inmitten unserer menschlichen Unvollkommenheit.

Vergebung ist ein wichtiger Teil der Aufarbeitung. Und die ist sehr empfehlenswert (siehe Gespräch mit Silke Bolduan), denn ungeklärte

Themen bleiben hängen und kommen an unpassendster Stelle wieder hoch.

Eine Trennung ist eine Traumatisierung, egal wie friedlich sie abgelaufen sein mag. Das war sie auch für Mickey Wiese. Und trotzdem hat er wieder geheiratet. Und trotzdem glaubt er weiterhin fest an Beziehungen.

Warum?

»Eine Ehe hängt für mich nicht am Trauschein«, sagt er. »Sie charakterisiert für mich eine auf Dauer angelegte und exklusive Beziehung. In ihr begegnet man der ganzen Person. Nicht nur den Äußerlichkeiten. Ehe ist der Schutz für die sexuelle Lebensenergie. Sich dem oder der *einen* ganz öffnen, so wie mich sonst niemand sieht. Diese Offenheit braucht man im Leben.«

Und diese Offenheit braucht Schutz. Das bedeutet Ehe.

Nach dem Gespräch sitze ich noch lange an meinem Schreibtisch und denke nach. Meine Reise neigt sich dem Ende entgegen.

Und ich empfinde es als Privileg, so in die Beziehungswelt meiner Gesprächspartner eintauchen zu dürfen.

Manchmal sogar, ohne den heimischen Schreibtisch zu verlassen.

DIE RÜCKKEHR MIT DEM ELIXIER – UNVOLLKOMMEN UND DOCH GELIEBT

DER ABSCHLUSS

Im letzten Schritt der Heldenreise kehrt der Held zurück in seine gewohnte Welt.

Mit dabei hat er sein Elixier, den Preis oder den Gewinn seiner beschwerlichen Reise. Dieses Elixier erinnert ihn immer an seinen Weg und durch dieses Elixier ist er nicht mehr der, der er vorher war. Er hat sich verändert. Und damit auch seine Umwelt.

Es ist Nacht. Stille. Schreibtisch. Ich ordne meine Gedanken an einem ungeordneten Schreibtisch. Diesmal brennt übrigens die Kerze, die ich mir vor einigen Kapiteln noch selbst verboten habe. Heute passt sie. Ich bin am Ende meiner Reise und blicke zurück. Ich fühle mich wenig heldenhaft, eher ein wenig überfordert. Was bleibt denn jetzt?

Was ist Ihr Elixier, werte Leserin? Was nehmen Sie mit, geneigter Leser?

Haben Sie sich wiedergefunden in den Berichten der sechs Protagonisten? Haben Sie mit dem Kopf geschüttelt bei meinen Zwischenschritten? Haben Sie geflucht oder zustimmend genickt?

Was ist mein Elixier?

Einige Zutaten meines Schatzes habe ich in den Zwischenschritten herausgearbeitet. Es gibt aber noch so viel mehr:

Ich habe gerade bei meinem letzten Gespräch mit Mickey Wiese innerlich oft »Das macht Sinn!« gedacht. Das Beispiel mit dem Baum, der von kleinen Insekten zerstört wird, bleibt in meinem Gedächtnis.

Das Gespräch an sich hat viele offene Fragen vervollständigt. Seine Definition von Ehe und Beziehung hat mich inspiriert. Obwohl ich ihm nicht persönlich gegenübersaß, habe ich die Liebe gespürt, die er für Menschen in Beziehungen übrig hat.

Auch die Art und Weise, wie er von seiner eigenen Geschichte gesprochen hat, klingt noch nach. Überhaupt nicht wütend oder verletzt, sondern mild und trotzdem klar. Ihm nehme ich den Vergebungsprozess ab, den er anderen empfiehlt.

Die Liebe des Vaters im Himmel zu uns Menschen ist unantastbar!

Besonders ermutigt hat mich seine Einordnung der verschiedenen Bibelstellen in grundlegende Bibelstellen, die mein Fundament sind, und in Ausführungsbestimmungen, die als Wegweiser dienen.

»Nichts kann uns von seiner Liebe trennen« aus dem Römerbrief.

Eine weitere Zutat meines neu gewonnenen Elixiers:

Die Liebe des Vaters im Himmel zu uns Menschen ist unantastbar!

Egal, was andere Menschen über uns sagen. Egal, was wir über uns und unsere gescheiterten Beziehungen denken. Es ist egal, hörst du!

Nichts kann uns von seiner Liebe trennen.

Auch das macht mein Elixier wertvoll:

Das unfassbare Gottesvertrauen, welches ich bei Manu gespürt habe. Das Ende seiner Beziehung hat ihm komplett den Boden unter den Füßen weggezogen und ihm im Nachhinein trotzdem den Horizont für Neues eröffnet.

Die Art und Weise, wie er von seiner Exfrau und vor allem von seiner Tochter spricht, lässt mich staunend zurück. Bei ihm hatte ich das

Gefühl, dass er den Schmerz nicht schönredet, aber auch nicht den Kopf in den Sand steckt, sondern sich nach dem Leben ausstreckt. Ein anderes Leben, als er sich das vorgestellt hat, aber ein erfülltes Leben mit der Erkenntnis: Im Leben läuft nicht alles nach Plan.

Die Erkenntnis, die ich durch Rita und Björn gewonnen habe, darf ebenfalls nicht in meinem Elixier fehlen:

Das Leben (und mit dem Leben meine ich auch die schöpferische Kraft Gottes) selbst schreibt die schönsten Geschichten.

Björn und Rita mit ihrem kleinen Sohn Phil zu erleben und ihre Geschichte zu hören, macht mich sprachlos. Und wie sie mit ihrer Geschichte umgehen, setzt noch einen drauf. Sie sehen ihren Anteil an der ganzen Story, wissen aber genau, dass es genauso gut anders hätte ausgehen können. Sie haben gelernt, gearbeitet, gehofft, gebetet und sind sich einander ganz neu geschenkt worden.

Auch Reiner Knieling hat großen Anteil an meinem Elixier:

Allein schon den Gedanken des »gesegneten Beziehungssterbens« denken zu dürfen, macht dieses Buch um einiges wertvoller.

Dieser kritische Umgang mit sich selbst und der Aussage, dass Scheidungen nicht schöngeredet werden können, verdeutlicht, wie reflektiert und hart erarbeitet eine solche Aussage verstanden werden muss.

Und der gesamte Inhalt des Gesprächs mit Silke Bolduan komplettiert die gewonnenen Erfahrungen. In meinem Elixier klingt es so:

Eine Ehe ist nicht gleich eine Ehe. Manchmal ist es nur der Versuch, verheiratet zu sein. Und diese Unterscheidung gilt es zu erkennen und zu bearbeiten.

Ich habe gelernt, dass Ehe Hingabe, Rücksichtnahme, gemeinsame Kommunikation und eine ganze Menge Arbeit bedeutet, und dass diese so anstrengend klingende Mischung Erfüllung bedeuten kann, aber nicht muss.

Es waren relevante Gespräche mit tollen Menschen, deren Geschichten eine gewisse Schnittmenge mit den vielen anderen Menschen und ihren Scheidungsgeschichten besitzen, mit denen ich nicht gesprochen habe.

Aber dieses Buch bleibt unvollkommen. Das ist die tragische Auswirkung des »Weniger ist mehr«- oder des »Willst du alle ansprechen, sprichst du keinen an«-Prinzips.

Und das tut auch ein bisschen weh.

Ich werde nie den vollständigen Schmerz erklären können, den eine gescheiterte Ehe wirklich verursacht.

Ich werde nie die Gefühlslage aller betroffenen Menschen, die eine gescheiterte Beziehung verarbeiten müssen, wirklich beschreiben können.

Doch eins steht fest: Wir sind und bleiben geliebt. Von Gott.

Egal, ob wir geschieden, verheiratet, in einer Beziehung oder ledig sind.

Deshalb müssen noch viel mehr Beziehungsgeschichten erzählt werden, die diese Liebe transportieren.

Es dürfen noch mehr Fragen zu dem Thema gestellt werden, denn Antworten, die nicht tragen, gibt es genug.

Nur wenn wir ehrlich miteinander umgehen, uns stehen lassen, nicht mit dem Finger aufeinander zeigen, uns in unserem Scheitern nicht verurteilen, sondern konstruktiv kommunizieren, kommen wir in ein wertschätzenderes, gemeinsames Leben, das der Liebe Gottes Raum zum Leuchten gibt.

Und der Liebe von Mensch zu Mensch ebenfalls.

ANMERKUNGEN

1 Statistisches Bundesamt: https://www.destatis.de/DE/ZahlenFakten/GesellschaftStaat/Bevoelkerung/Ehescheidungen/Ehescheidungen.html.

2 Moeller, Michael Lukas. *Wie die Liebe anfängt*. Rowohlt Verlag 2004 (Klappentext).

3 Ebd. S. 14.

4 Ebd.

5 Andreas Eichberger. *Scheitern verboten – Scheidung aus biblischer und theologischer Sicht*. Brockhaus Verlag Wuppertal 2007, S. 64-85.

6 Moeller, Michael Lukas. *Die ersten drei Minuten*. Rowohlt Verlag 2004, S. 9.

7 Moeller. *Wie die Liebe anfängt*. Rowohlt Verlag 2004, S. 14.

8 Knieling, Reiner. *Mit Scheitern leben lernen. Auf dem Weg zu einem lebendigen Glauben*. Aussaat Verlag Neukirchen-Vluyn 2006

9 Buss, Oliver: *Aphrodisiaka, Lyrik und Aphorismen*, 2005, Books on demand. Gefunden hier: https://www.aphorismen.de/zitat/155547.

10 Vgl. Moeller, *Die ersten drei Minuten*. S. 81.

11 Tanja Laumert im Onlinemagazin ze.tt am 19. August 2016; http://ze.tt/warum-ich-fremdgehen-nicht-schlimm-finde/

Andreas Eichberger

Scheitern verboten?

Scheidung aus biblischer
und seelsorgerlicher Sicht

Paperback, 13,5 x 20,5 cm, 232 Seiten
Nr. 224.995, ISBN 978-3-4172-4995-8

Wie soll die christliche Gemeinde mit dem Thema Scheidung umgehen? Seelsorgerlich-verständnisvoll oder streng biblisch? Ein informatives und hilfreiches Buch eines betroffenen Theologen für alle, die mit dem Thema Scheidung konfrontiert sind.

Bill Farrel, Pam Farrel

Männer sind wie Waffeln – Frauen sind wie Spaghetti

Paperback, 14 x 21,5 cm, 240 Seiten
Nr. 395.710, ISBN 978-3-7751-5710-0
Auch als E-Book

Humorvoll und einfühlsam erklären Bill und Pam Farrel, was IHN auf Touren bringt und SIE auf die Palme. Oder umgekehrt. Ein ganz besonders Paar-Buch, das hilft, die Einzigartigkeit beider Geschlechter besser zu verstehen und ihr Leben bereichern, statt es auszulaugen.

Bitte fragen Sie in Ihrer Buchhandlung nach diesen Büchern!
Oder schreiben Sie an: SCM Verlag, D-71087 Holzgerlingen;
E-Mail: info@scm-verlag.de; Internet: www.scm-verlag.de

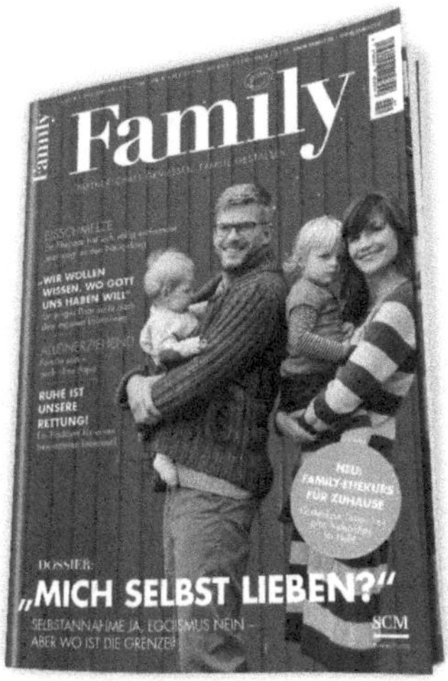

Family
DOSSIER:
„MICH SELBST LIEBEN?“
SCM

UNTERORDNEN 2.0
DER SCHWARZE HUND UND DAS LICHT